AF299348

ÉTUDE PHYSIOLOGIQUE

DE L'ARSENIC

APPLICATIONS THÉRAPEUTIQUES

PAR

JULES LOLLIOT

DOCTEUR EN MÉDECINE

Interne en médecine et en chirurgie des hôpitaux de Paris,
Médaille de bronze de l'Assistance publique,
Membre de la Société anatomique et de la Société médicale d'observation.

PARIS

P. ASSELIN, SUCCESSEUR DE BÉCHET Jne ET LABÉ,

LIBRAIRE DE LA FACULTÉ DE MÉDECINE DE PARIS

Place de l'École-de-Médecine

1868

Paris. — Imprimerie de E. MARTINET, rue Mignon, 2.

ÉTUDE PHYSIOLOGIQUE

DE L'ARSENIC

APPLICATIONS THÉRAPEUTIQUES

INTRODUCTION

Peu de médicaments passèrent par autant de vicissitudes que l'arsenic. Tour à tour vanté ou décrié à l'excès, regardé par les uns comme une panacée universelle, par d'autres comme la cause possible de tous les maux, ce médicament, quoique connu et employé en médecine dès la plus haute antiquité, n'a guère pris sa place dans la thérapeutique que depuis le commencement du siècle dernier.

Une des causes qui contribuèrent le plus à jeter de la défaveur sur lui, c'est sans contredit l'usage criminel qu'on en a fait dans tous les temps, et la triste célébrité qu'il a acquise dans les annales judiciaires. Il entrait, dit-on, dans la composition de bon nombre de poisons fort employés au moyen âge, et notamment dans le célèbre poison des Borgia.

Plus tard, on tenta d'empoisonner l'empereur Léopold Ier (1670) avec des bougies arsenicales, et, de nos jours, la presse a eu plus d'une fois à enregistrer des crimes commis à l'aide de cet agent toxique, qui, d'après M. Tardieu, entrerait pour les deux tiers dans la totalité des empoisonnements criminels. Aussi son nom, devenu dans le vulgaire presque synonyme de *poison*, suffit-il pour inspirer l'effroi, et empêcher ainsi son emploi en thérapeutique.

Que les personnes étrangères à la médecine, et ignorant la connexité qui existe entre presque tous les médicaments et les poisons les plus violents, refusent de prendre une substance qu'elles ne connaissent que par les empoisonnements qu'elle a produits, nous le comprenons ; mais ce que nous comprenons moins, c'est qu'il se soit rencontré des médecins pour se faire l'écho de semblables préjugés, et pour rejeter de parti pris de la thérapeutique un médicament appelé à rendre les plus grands services. Que ne rejettent-ils pour la même raison et la strychnine, et la morphine, et l'atropine, et tant d'autres médicaments qui sont des poisons bien plus violents que l'arsenic, et qui n'en sont pas moins employés journellement en médecine ! S'il suffit, pour la faire rayer de la thérapeutique, qu'une substance ait pu, entre des mains ignorantes ou criminelles, produire des empoisonnements, que l'on fasse alors table rase de toute la thérapeutique, et que l'on s'en tienne exclusivement à la méthode expectante.

Nous ne partageons pas les craintes, assurément fort exagérées, de ces esprits timorés, et nous sommes persuadé que, malgré les lésions graves qui s'observent chez les individus qui font un usage immodéré de l'arsenic, un médecin prudent, qui saura tenir compte des susceptibilités individuelles, apprécier les effets d'intolérance aujourd'hui mieux connus, pourra se servir sans crainte de ce médicament, sans avoir jamais à redouter aucun des accidents qui ont été relevés à sa charge par les médecins qui n'en voulaient à aucun prix.

Mais, nous gardant d'un entraînement contraire, nous ne saurions non plus partager l'enthousiasme qu'ont professé certains auteurs pour l'arsenic ; à ce point qu'il existe peu de maladies que l'on n'ait prétendu guérir par la médication arsenicale. Il n'est pas jusqu'aux affections réputées incurables, telles que le cancer, l'épilepsie, la rage, l'angine de poitrine, etc., qui n'aient trouvé un spécifique dans ce médicament. Inutile de dire qu'une expérimentation plus réfléchie a fait promptement justice de toutes ces exagérations, qui, d'ailleurs, ont nui à l'arsenic beaucoup plus encore que les exagérations en sens contraire.

D'où peut donc venir un tel désaccord d'opinions entre ceux qui trouvent dans l'arsenic un remède prompt et sûr contre la plupart des maladies, et ceux qui, non-seulement lui refusent toute vertu curative, mais l'accusent encore d'engendrer les maladies les plus graves, la cachexie, la phthisie, la paralysie, l'hydropisie, etc., etc. ? Il faut, selon nous, rechercher la cause de ces divergences dans l'usage peu méthodique que l'on a fait pendant longtemps de ce médicament.

Tant que la thérapeutique s'est appuyée sur l'empirisme, cette partie de la science médicale ne reposa sur aucune donnée sûre et précise. Aussi voit-on régner l'indécision la plus grande dans les différentes méthodes thérapeutiques, et signale-t-on des contrastes étranges dans les divers systèmes des médecins de toutes les époques.

Grâce à la méthode physiologique, qui tend à se généraliser aujourd'hui sous l'impulsion de nos maîtres, Cl. Bernard,

Sée, Vulpian, les médicaments mieux connus dans leurs
effets physiologiques seront plus justement appréciés
comme moyens thérapeutiques ; et la thérapeutique repo-
sant non plus sur un empirisme grossier, mais sur l'expérimentation directe, deviendra une science exacte et positive.

Mais aujourd'hui la science n'est pas encore fixée sur la
physiologie des médicaments ; bien des travaux sont encore
nécessaires pour élucider complétement cette question.
Pour l'arsenic en particulier, il existe des documents épars
dans la science, mais l'histoire physiologique de ce médicament est loin d'être complète. Nous avons cru qu'il pouvait être utile de revoir cette partie encore obscure de
l'arsenic, et afin de contribuer pour notre part à faire avan-
cer cette étude, nous avons entrepris une série d'expériences sur l'homme sain et sur les animaux. Nos recherches
ont principalement porté sur l'action que pouvait avoir
l'arsenic sur la nutrition, et en particulier sur la température et sur l'élimination de l'urée. Nous avons cherché
aussi à nous rendre compte de l'action exercée par ce
médicament sur la respiration, sur la circulation, sur l'innervation.

Enfin, dépassant progressivement les doses thérapeutiques, nous avons cherché quelles métamorphoses, quelles
lésions pouvaient se produire dans les organes, par suite
de l'action si énergique de cet agent toxique sur la nutrition, et nous avons pu constater avec les expérimentateurs
allemands, qui l'avaient fait avant nous, quelle influence
défavorable l'arsenic administré jusqu'à produire l'*arsenicisme*, pouvait avoir sur la structure intime de nos
organes, notamment sur le foie, les reins, les muscles et le
cœur.

Mettant ensuite à profit la connaissance que nous avions

acquise des effets physiologiques de l'arsenic, nous avons cherché à expliquer son action si incontestable dans les fièvres intermittentes, les dermatoses, etc. Nous aurions voulu passer ainsi successivement en revue toutes les maladies dans lesquelles l'arsenic a été donné, mais un tel travail eût de beaucoup dépassé les limites ordinaires d'une thèse inaugurale, et nous avons dû nous borner à l'étude des maladies les plus importantes.

Si nos expériences n'ont pas été tout à fait stériles, si elles ont pu élucider un seul point jusque-là obscur de l'histoire de l'arsenic, si elles ont pu établir d'une façon incontestable un seul des faits avancés par nos devanciers, nous nous trouverons suffisamment récompensé du travail que nous aura coûté la tâche ingrate et difficile que nous nous sommes imposée.

Nous avons divisé notre sujet en deux parties. La première est entièrement consacrée à l'étude physiologique de l'arsenic. Dans la seconde, nous avons étudié quelques-unes des applications thérapeutiques de ce médicament, particulièrement dans les fièvres intermittentes, la phthisie pulmonaire, l'asthme et les dermatoses.

Avant d'entrer en matière, qu'il nous soit permis d'adresser nos remercîments à M. le professeur Sée, pour les savants conseils qu'il nous a donnés, et pour l'extrême bienveillance avec laquelle il a mis à notre disposition son laboratoire de la Faculté de médecine, où toutes nos expériences ont été faites.

Nous tenons aussi à remercier particulièrement notre excellent ami le docteur Meuriot, pour le concours actif et intelligent qu'il nous a prêté dans toute la partie expérimentale de ce travail, et notre cher collègue Henocque, dont nous avons mis à contribution les connaissances étendues en micrographie, pour l'examen histologique des différentes pièces pathologiques dont nous donnons la description.

HISTORIQUE.

Les travaux sur l'arsenic sont si nombreux, que pour faire l'histoire complète de ce médicament, il faudrait pour ainsi dire faire l'histoire de la médecine. Aussi nous bornerons-nous à indiquer le plus sommairement possible les différentes phases par lesquelles il a dû passer avant d'être définitivement admis dans la thérapeutique.

Bien avant d'être connu des médecins, l'arsenic était d'un usage vulgaire parmi les Indiens et les Chinois qui se fabriquaient des vases de réalgar et buvaient ensuite, comme purgatif, l'eau qu'ils y avaient fait séjourner.

Bien que l'arsenic ait été, au dire de Galien, connu des Asclépiades, les historiens sont d'accord pour rapporter à Dioscoride le premier usage qu'on en ait fait en thérapeutique. Il l'employait à l'intérieur et à l'extérieur en fumigations : « A l'intérieur, dit-il, on donne l'arsenic aux malades qui ont du pus dans la poitrine ; mêlé au miel, il rend la voix plus claire, et on le donne aux asthmatiques en potion avec la résine. Dans les toux invétérées, on fait respirer aux malades, à l'aide d'un tube, la vapeur d'un mélange d'arsenic et de résine, etc. »

Plus tard, Pline vanta aussi ses propriétés, et Celse l'a employé comme purgatif, comme caustique, et comme insecticide : « *Purgant ærugo, auripigmentum (orpiment), quod* ἀρσενικόν *a Græcis nominatur huic autem et sandarachæ in omnia eadem vis; sed validius est, etc.* » (Lib. V,

cap. v. *Quæ purgent.*) Et plus loin : « *Adurunt auripigmentum*, etc. » (Lib. V, cap. viii.) D'après leurs écrits,
les médecins de cette époque paraissent n'avoir connu que
les deux sulfures, le sulfure rouge ou réalgar, qu'ils appe-
laient sandaraque (σανδαράκη), et le sulfure jaune ou orpiment qui était leur arsenic proprement dit (ἀρσενικόν).

Après Dioscoride, Pline et Celse, viennent Galien et
Cælius Aurelianus qui ont fait un grand usage de l'arsenic;
mais soit que ces médecins aient retiré peu d'avantages de
ce médicament, soit qu'ils aient eu à observer des accidents
graves tenant à son emploi, il tomba dans l'oubli le plus
complet, et ce n'est que huit siècles plus tard qu'il en est
tiré par les médecins arabes : Rhazès, Albucasis, Avicenne
et Sérapion. Malgré la faveur dont il a joui à cette époque,
il tombe de nouveau en discrédit, et il n'est plus usité que
par les charlatans qui le font entrer dans la composition de
leurs remèdes secrets et de leurs recettes empiriques.

Paracelse essaya, mais en vain, de le réhabiliter, et dans
tout le moyen âge il ne fut employé que par les charlatans
et les empoisonneurs.

Ce n'est qu'au commencement du xviii° siècle que
parurent en Allemagne des travaux vraiment scientifiques
sur l'arsenic qui, dès son origine, eut la singulière fortune
de susciter les discussions les plus vives. Slevogt (d'Iéna)
publie en 1700, un remarquable travail où il se montre
grand partisan de la médication arsenicale, mais presque
aussitôt il trouve une violente opposition dans Storck et
Stahl, dont l'envieuse jalousie évoque à dessein tous les
cas malheureux consécutifs à l'emploi de l'arsenic. La lutte
s'engage vive et ardente de part et d'autre; Slevogt est
vaillamment soutenu par Melchior Friccius, Keil, les deux
Plencitz. Ses contradicteurs non moins passionnés sont

Lemnius, Linnæus, Thilenius, qui accusent l'arsenic de produire toutes sortes de maladies.

Harless, en 1811, publie sa très-remarquable monographie, qui depuis a été mise à contribution par tous les auteurs. Le premier, il étudie les effets physiologiques de l'arsenic en s'appuyant sur des expériences, dont quelques-uns des résultats se trouvèrent vérifiés plus tard. Dégagé de tout esprit de parti, c'est par l'observation aidée de l'expérimentation qu'il cherche à se rendre compte des effets de l'arsenic, soit sur l'homme sain, soit sur l'homme malade. Aussi son consciencieux ouvrage restera-t-il longtemps encore comme un modèle à la fois d'érudition et d'honnêteté scientifique.

Hahnemann s'empare à son tour de l'arsenic, qu'il expérimente sur lui-même et sur ses adeptes. Mais le chef de l'école homœopathique, voulant expliquer l'efficacité de ce médicament dans certaines affections, par la propriété qu'il possède de produire sur l'homme sain les mêmes maladies, arrive à formuler sur ses effets physiologiques des conclusions tout à fait contraires à la vérité, en admettant, par exemple, que l'arsenic est un médicament pyrétogène et phthisiogène, et que c'est pour cette raison qu'il guérit la fièvre et la phthisie. L'erreur dans laquelle est tombé Hahnemann, à propos des propriétés physiologiques de l'arsenic, vient démontrer une fois de plus la fausseté de sa prétendue doctrine.

En Angleterre, grâce à Th. Fowler, R. Pearson, R. Willan, Girdlestone, etc., l'arsenic passa dans la thérapeutique sans contestation.

De même en Amérique, où Barton et Physic popularisèrent ce médicament, de même aussi en Espagne et en Italie où il rencontra de grands partisans.

La France resta longtemps étrangère à tous ces travaux, et ce n'est qu'en 1809 que Fodéré, forcé par les circonstances, expérimenta pour la première fois la médication arsenicale. De même que Slevogt, il trouva tout aussitôt dans Deidier, Peyrilhe, et surtout dans Thibault, d'énergiques contradicteurs, qui vinrent contre-balancer son influence. Aussi malgré sa grande réputation, malgré les résultats remarquables qu'il avait obtenus, ne put-il faire adopter ce médicament, qui fut presque aussitôt oublié.

Cependant M. Cazenave, dans un excellent article du *Dictionnaire* en 30 vol. (1833), essaye de venger l'arsenic des griefs qui lui sont reprochés, et de faire tomber les injustes préventions qui en empêchaient l'emploi : « Pour moi, dit-il, qui, je l'avoue, ne comprends pas ce poison lent qui permet de se porter, quand on en a pris, tout aussi bien, et quelquefois même encore mieux qu'auparavant, et dont la généreuse tolérance peut se prolonger indéfiniment, en théorie je regarde cet argument comme un rêve; et si, par hasard, j'étais tenté d'y trouver même la moindre probabilité, je la croirais impitoyablement détruite par une étude tant soit peu attentive des faits. »

Biett inaugure en France le traitement des maladies de la peau par les préparations arsenicales déjà employées en Angleterre par Girdleston (d'Yarmouth). MM. Trousseau et Pidoux, dans la première édition de leur *Traité de thérapeutique* (1837), essayent aussi de faire passer l'arsenic dans la thérapeutique; mais malgré leurs efforts, il était encore peu employé, lorsque Boudin publie en 1842 son mémoire sur le traitement des fièvres intermittentes par l'acide arsénieux. Depuis lors paraissent sur l'emploi thérapeutique de l'arsenic, de nombreux travaux qu'il serait trop long d'analyser ici, et qui trouveront plus naturellement leur place à propos des maladies dans lesquelles l'usage de ce médicament a été recommandé. Nous renvoyons d'ailleurs, pour cette étude, à l'index bibliographique que nous publions à la fin de ce travail. Qu'il nous suffise de citer, parmi les travaux les plus remarquables, ceux de MM. Aran, Devergie, Gueneau de Mussy, Imbert-Gourbeyre, Isnard, Cahen, Barella, Millet (de Tours), etc.

Enfin, dans le courant de cette année même, M. le professeur Sée, dans son cours de la Faculté de médecine, a fait sur ce sujet une série de leçons fort savantes, dans lesquelles il a mis en relief les propriétés thérapeutiques de l'arsenic, et démontré, en se basant sur l'étude physiologique de ce médicament, les services qu'il peut rendre dans le traitement de certaines maladies.

CHAPITRE PREMIER

Fidéle au programme de l'école expérimentale, avant d'étudier l'emploi de l'arsenic en thérapeutique, nous commencerons par établir aussi exactement que possible les effets physiologiques et le mode d'action de ce médicament sur l'homme sain.

Ayant tracé le tableau de l'action physiologique de l'arsenic, nous serons alors en droit de rechercher l'explication de ses effets thérapeutiques, en nous basant sur les données fournies par cette étude; car, ainsi que l'a dit M. le professeur Sée, les médicaments n'agissent pas sur les maladies en elles-mêmes, mais seulement sur leur mécanisme, leurs manifestations ou leurs lésions; et le mode d'action des médicaments est le même sur l'homme sain et sur l'homme malade.

Pour l'étude physiologique de l'arsenic, trois voies parallèles nous sont ouvertes. D'une part, nous mettrons à

profit les renseignements précieux qui nous sont fournis
par l'examen des habitudes qu'ont certaines peuplades de
se livrer à l'usage journalier de l'arsenic. D'autre part,
nous puiserons la connaissance du mode d'action de l'arsenic dans l'observation des accidents produits chez les
individus qui, par leur profession, sont soumis à l'influence
arsenicale. Mais nous trouverons les données les plus scientifiques et par conséquent les plus utiles, dans l'expérimentation directe soit sur l'homme, soit sur les animaux.

Nous étudierons donc successivement les effets observés
chez les *arsenicophages*, chez les ouvriers qui travaillent
l'arsenic, et enfin les résultats des expériences qui ont été
faites avant nous sur l'homme et les animaux, et auxquelles nous ajouterons la relation de nos expériences personnelles.

I. — ARSENICOPHAGES OU TOXICOPHAGES.

Certains habitants de la basse Autriche, de la Styrie, du
Tyrol et surtout de Salzbourg, ont la singulière habitude
de *manger de l'arsenic*. Cette substance, connue parmi eux
sous le nom d'*hydrach* ou d'*hüttereich*, est usitée depuis
des temps immémoriaux.

Schallgruber et Flechner avaient déjà signalé le fait,
mais c'est Tschudi (1) qui le premier, en 1851, attira plus
particulièrement l'attention des médecins sur ces faits si
bizarres, qui eurent alors un grand retentissement dans la
presse médicale et même dans la presse politique. Suivant

(1) Tschudi, *Ueber die Giftesser* (*Wien. med. Wochenschr.*, 1851, n° 28),
traduit dans *Journal de Bruxelles* et *Union médicale*, 1854, p. 249 et 253.

cet auteur, les toxicophages auraient pour but de se donner par cette pratique « un air sain et frais, et un certain degré d'embonpoint ». Aussi ce sont surtout « les jeunes paysans et les jeunes paysannes qui ont recours à cet expédient par coquetterie et désir de plaire » ; mais ils en retirent encore un second avantage, c'est de se rendre *plus volatils*, c'est-à-dire de faciliter la respiration et la marche dans leurs excursions à travers les montagnes, et les chasseurs de chamois en feraient, d'après Wurmb (1), un fréquent usage pour faciliter leur respiration.

Ces propriétés de l'arsenic ont été utilisées chez les animaux domestiques, et c'est dans un but d'engraissement qu'on l'a donné aux bœufs, aux veaux et aux porcs. Mais c'est surtout sur le cheval qu'on en a fait un fréquent usage. A Vienne, les palefreniers et les cochers de grandes maisons en mêlent à l'avoine de leurs chevaux pour leur donner le poil plus luisant, des formes arrondies, en un mot une belle apparence ; et lorsque le cheval est attelé, ils attachent au bridon un petit morceau d'arsenic enveloppé dans du linge, et qui, amenant la salivation, produit en abondance cette écume blanche, indice d'un animal de sang.

Les maquignons le donnent très-souvent aussi aux chevaux ruinés, pour leur rendre un peu de leur ancienne apparence, au moment où ils veulent s'en défaire. Mais cette amélioration n'est que passagère, et entre les mains de l'acheteur qui ne continue pas l'usage de l'arsenic, l'animal ne tarde pas à perdre cette vigueur factice que lui avait momentanément donnée l'emploi de cette substance.

Les toxicophages qui commencent l'usage de l'arsenic

(1) Wurmb, *Monographie de l'arsenic*, 1845.

en prennent d'abord de la grosseur d'une lentille, c'est-à-dire environ 1/2 grain. Mais peu à peu ils élèvent la dose, et arrivent à en ingérer des quantités vraiment extraordinaires.

Tschudi rapporte l'histoire d'un vieil arsenicophage, âgé de soixante-trois ans, qui faisait usage de l'arsenic depuis l'âge de vingt-neuf ans. Il avait commencé par un petit fragment de 1 grain et était arrivé graduellement à 3 ou 4. Au delà, il avait éprouvé des accidents. Depuis deux ans, cet homme avait cessé de manger de l'arsenic, et il en éprouvait des inconvénients. En trente-cinq ans, il en avait pris de 20 à 22 onces, et il n'en avait conservé que de la raucité de la voix, phénomène très-fréquent chez les arsenicophages.

D'une manière générale, les toxicophages arrivent toujours à prendre de l'arsenic à des doses assez considérables, et il n'est pas rare d'en voir parmi eux qui en prennent jusqu'à 20 et 25 centigrammes.

Aussi les assertions de Tschudi ont-elles soulevé des protestations dans le monde médical, surtout en Angleterre où Taylor, Pereira, Christison se firent remarquer par leur incrédulité, et les attaques vives qu'ils dirigèrent contre le docteur Tschudi. De là une enquête qui vint de tous points confirmer les faits avancés par ce dernier. Toutes les assertions de Tschudi furent vérifiées et démontrées par Heisch, Vest, Schäfer, Knappe et Craig Maclagan.

D'ailleurs, ce n'est pas toujours impunément que des doses aussi fortes d'arsenic ont pu être ingérées, et l'on a signalé différents accidents, tels que : malaise, anxiété, anorexie, vomissements avec ptyalisme, pyrosis, constriction spasmodique du pharynx, tranchées, constipation et surtout dyspnée.

Ces accidents n'apparaissent jamais chez les individus
« qui savent approprier la dose parfois très-considérable
du toxique à leur constitution et à leur tolérance », mais
ils se montrent chez ceux qui d'emblée prennent des doses
très-considérables d'arsenic, et chez ceux qui, après en avoir
commencé l'usage, viennent à le suspendre brusquement.
Chez ces derniers s'observe un fait très-curieux et déjà
signalé par Tschudi, c'est qu'il leur suffit, pour faire cesser
tous ces accidents, de reprendre l'usage de l'arsenic.

D'après quelques observateurs, Leroy (1) entre autres,
les paraplégies seraient communes parmi les mangeurs
d'arsenic. M. Jaccoud (2) ne partage pas cette opinion :
« J'ai vu, dit-il, les arsenicophages de la Bavière, du Tyrol,
de la Styrie et de la Hongrie, j'ai vu les hôpitaux de ces
contrées, et je n'ai pas rencontré un seul exemple de paraplégie par intoxication arsenicale. » Quoi qu'il en soit,
l'opinion de Leroy n'en est pas moins très-rationnelle, car
la paraplégie est un accident fréquent dans l'empoisonnement par l'arsenic, que cet empoisonnement se fasse brusquement ou à la longue.

Enfin, on aurait eu assez souvent l'occasion d'observer
chez les toxicophages des cas de mort produits par l'usage
immodéré qu'ils font de l'arsenic.

En somme, les toxicophages paraîtraient retirer de leurs
pratiques quelques bons résultats, tels que : augmentation
de l'appétit et de l'embonpoint, fraîcheur du visage, une
certaine vigueur musculaire, facilité de respirer ; mais, par
contre, ils auraient à redouter quelques accidents graves,
tels que ceux que nous avons énumérés plus haut.

(1) Leroy-Raoul, *Des paralysies des membres inférieurs*, II. Paris, 1857.
(2) Jaccoud, *Les paraplégies et l'ataxie du mouvement*. Paris, 1864.

II. — Action sur les ouvriers.

Les ouvriers qui, par leur profession, sont appelés à manipuler les substances arsenicales, se trouvent par cela même exposés à toute une série d'accidents dont la nature et l'intensité varient avec le genre de travail qu'ils doivent accomplir.

Nous examinerons l'action des arsenicaux, d'abord sur les ouvriers qui extraient l'arsenic des minerais arsénifères, puis sur ceux qui lui font subir les préparations nécessaires pour le rendre applicable à l'industrie; et enfin nous signalerons, en terminant, les accidents qui ont été observés chez les consommateurs qui font usage des substances dans la composition desquelles entrent, même en très-minime proportion, des sels d'arsenic.

1° *Ouvriers mineurs.* — Les ouvriers mineurs sont sujets à des accidents d'intoxication; mais tous ne le sont pas à un égal degré. Ces accidents ne sont pas constamment le résultat d'une intoxication par absorption, mais sont dus le plus souvent à une action irritante locale produite par les poussières arsenicales. Aussi, pour l'arsenic, de même que pour le plomb, a-t-on observé que certaines opérations exposaient plus que d'autres les ouvriers à subir l'influence du toxique. C'est ainsi que ceux qui font le broyage, le grillage, ceux qui sont chargés de la volatilisation de l'arsenic, ou du raclage de l'acide arsénieux déposé dans les chambres de condensation, sont plus souvent atteints; c'est qu'en effet, ces derniers ont beaucoup plus à subir l'action des poussières arsenicales que ceux qui ne font qu'extraire le minerai dans les galeries souterraines.

Les accidents auxquels sont exposés les mineurs ont été surtout étudiés par Henkel (1), Klinge, Brockmann (2), Pappenheim (3), et Imbert-Gourbeyre (4).

D'après ces observateurs, l'empoisonnement aigu est rare, et même l'empoisonnement lent ne prend qu'exceptionnellement un caractère de gravité. On observe le plus souvent comme symptômes généraux des troubles de la digestion, de la céphalalgie, de la dysurie, de l'ischurie, de la dyspnée, des palpitations, des convulsions, de la paralysie, et parfois de l'hydropisie.

Quant aux accidents locaux, ils consistent surtout en une irritation produite soit sur la peau, soit sur les muqueuses. Du côté de celles-ci, on observe du coryza, des ulcérations nasales, de l'enrouement, de l'angine, des conjonctivites, et surtout de la gingivite caractérisée par de la rougeur et de la tuméfaction des gencives, accompagnée d'une salivation plus ou moins abondante. Mais outre cette gingivite qui reconnaît pour cause l'intoxication générale, les ouvriers présentent encore sur le bord libre des gencives un petit liséré blanchâtre dû à un dépôt de poussière arsenicale, et tout à fait analogue au liséré bleuâtre que produisent les préparations saturnines sur les gencives des ouvriers employés à la fabrication de la céruse.

Du côté de la peau, on remarque un érythème plus ou moins généralisé, mais affectant un siége de prédilection au côté interne des articulations. Les parties les plus souvent atteintes sont la région inguinale, le creux axillaire, les

(1) Henkel, *Von der Bergsucht*, etc. Freyberg, 1728.
(2) Brockmann, *Des accidents occasionnés par l'arsenic chez les ouvriers qui travaillent le métal dans les mines du Hartz*, trad. par Beaugrand.
(3) L. Pappenheim, *Dictionnaire d'hygiène publique*.
(4) Imbert-Gourbeyre, *Éruptions arsenicales* (*Moniteur des hôpitaux*, 1857).

coudes, les genoux et les espaces interdigitaux. Mais l'érythème n'est pas la seule manifestation que l'on observe du
côté de la peau ; on signale également des exanthèmes papu-
leux accompagnés d'une démangeaison très-vive, des ulcérations rebelles observées principalement aux doigts et aux
orteils, et présentant une grande analogie avec les ulcérations syphilitiques.

Tous ces accidents tenant à l'action directe de la poussière arsenicale déposée sur la peau, peuvent être, on le
comprend, sinon complétement évités, du moins singulièrement atténués par certaines précautions employées, soit
dans les détails de la fabrication, soit dans l'hygiène des
ouvriers.

Il est juste de dire que, grâce aux perfectionnements
apportés dans l'industrie métallurgique, grâce aussi aux
progrès de l'hygiène publique et aux précautions dont on
entoure les ouvriers, ceux-ci ne présentent plus qu'à un
faible degré toute cette série d'accidents que nous avons
rapportés plus haut.

2° *Emploi des composés arsenicaux dans l'industrie.*
— L'acide arsénieux forme avec l'oxyde de cuivre un
composé, l'arsénite de cuivre, connu vulgairement sous le
nom de *vert de Scheele* ou *vert de Schweinfurt*, et très-
remarquable par sa belle couleur verte. De là son emploi
si répandu dans l'industrie, et principalement dans la
fabrication des papiers peints, des fleurs artificielles et la
coloration des étoffes ; de là aussi les accidents fréquents
d'intoxication observés en premier lieu sur les ouvriers
employés à ces diverses branches industrielles, et en second
lieu sur les consommateurs qui font usage de ces différents
produits.

Notre intention n'est pas de traiter à fond cette intéressante question de l'hygiène publique, ni d'étudier les moyens prophylactiques mis en usage pour prévenir le développement des accidents qui ont été observés. Nous voulons seulement examiner rapidement les symptômes que les différents observateurs ont notés chez les personnes appelées à se servir des préparations arsenicales, et en tirer des conclusions qui nous seront utiles pour l'exposé des effets physiologiques de l'arsenic.

Dans la fabrication des fleurs artificielles et des étoffes, le vert arsenical est le plus souvent employé sous forme de bouillie faite à l'aide de l'amidon, et simplement étendue sur l'objet que l'on veut colorer. Aucun mordant ne fixe la couleur, aucun vernis ne la protége contre les frottements extérieurs. Aussi se détache-t-elle avec la plus grande facilité, en formant une poussière fine qui devient ainsi une cause d'intoxication.

La fabrication des fleurs artificielles a pris surtout depuis ces dernières années une grande extension ; elle occupe, d'après M. Tardieu, environ 15 000 ouvriers, et sur ce nombre, le quart au moins se servent du vert de Schweinfurt pour colorer les fleurs et herbes ou feuillages artificiels qui ne doivent ainsi leur belle apparence et leur superbe coloration qu'au poison qu'ils recèlent, *latet anguis in herbâ.* Mais la fâcheuse influence de ces produits ne s'arrête pas là. Les ouvrières entre les mains desquelles ils passent pour la confection des robes y sont également soumises, et comme les étoffes que l'on colore ainsi sont ordinairement des tissus très-légers, de gaze ou de tarlatane, destinés à des toilettes de bal, de jeunes femmes ont été souvent les victimes de ces étoffes ou de ces fleurs empoisonnées dont elles s'étaient parées. Sous l'influence des mouvements de la danse, le composé arsenical, mal fixé, se détache en abondance, et en tombant sur le cou, les épaules, les bras, en un mot, sur toutes les parties découvertes, y produit les éruptions spéciales de l'arsenic, en même temps que se manifestent des signes d'intoxication dus à l'absorption du poison par la muqueuse respiratoire. Ces faits, quelque extraordinaires qu'ils paraissent, ne surprendront personne, si l'on songe que Ziurech (de Berlin) a trouvé dans une robe de vingt aunes, 300 grammes de couleur dans lesquels le composé arsenical s'élevait à 60 grammes (Beaugrand).

L'industrie des papiers peints n'est pas non plus exempte de dangers. Les individus qui les fabriquent sont exposés, comme les mineurs et les ouvriers fleuristes, aux accidents de l'intoxication arsenicale. De plus, l'usage de ces produits peut occasionner des accidents graves chez les personnes qui habitent des appartements tapissés avec les papiers et les tentures dont la coloration verte ou rouge a été obtenue à l'aide d'un composé arsenical. Ces accidents signalés pour la première fois en Allemagne par Gmelin, en 1839 (1), ne furent d'abord accueillis qu'avec incrédulité ; mais les deux mémoires de Basedow (1846 et 1848) et de nombreuses observations de Carlson et Malmsten vinrent démontrer la réalité des faits avancés par Gmelin. D'autre part, des accidents analogues étaient observés en Angleterre par Hinds (2), Halley, Whitehead (3), Taylor (4), Kesteven, Hassall, etc., etc. Depuis, cette question a été reprise en France, par MM. Blandet (5), Chevallier (6), Pietra

<hr>

(1) L. Gmelin, *Warnung vor Nachteiligen*, etc.(*Carlsr. Zeitg.*, nov. 1839).

(2) W. Hinds, *Arsenical poisoning by a wall-paper* (*Med. Times and Gaz.*, 1857, t. I, p. 197).

(3) J. Whitehead, *On Arsenicated wall-papers* (*Britisch-medical Journal*, 1858).

(4) Taylor, *On Arsenical Papers-Hangings* (*Medical Times*, 1859).

(5) Blandet, *Mémoire sur l'empoisonnement externe produit par le vert de Schweinfurt*, etc. (*Journ. de méd. de Beau*, t. III, 1845).

(6) Chevallier, *Annales d'hygiène*, t. XXXVIII, 1847.

Santa (1), Beaugrand (2) et Vernois (3) dont les travaux fournissent un grand nombre d'observations intéressantes.

Chez les ouvriers qui fabriquent des produits industriels dans lesquels entrent les préparations arsenicales, comme chez les consommateurs qui font usage de ces produits, les accidents observés sont les mêmes. Ils consistent, d'une part, dans des phénomènes d'intoxication lente, et d'autre part dans des lésions produites par le contact des poussières arsenicales. On observe le plus souvent la perte de l'appétit, des nausées, des vomissements, de la diarrhée, la prostration des forces, des douleurs erratiques, une céphalalgie très-vive, surtout frontale, de la névralgie sus-orbitaire, des vertiges, un affaiblissement des membres pouvant aller jusqu'à la paralysie, parfois une teinte cachectique de la peau, des épistaxis, de l'amaigrissement; mais le plus souvent, les accidents se localisent sur les muqueuses et sur la peau, et l'on signale alors du larmoiement, des conjonctivites, du coryza, des ulcérations des fosses nasales, du ptyalisme, des stomatites avec le liséré gingival, des angines et des laryngites avec raucité de la voix, de l'irritation des bronches accompagnée d'accès de toux sèche et de dyspnée assez intense. Sur la peau, on observe, des éruptions érythémateuses, des eczémas, des ulcérations, des taches escharotiques. M. Fremy rapporte l'histoire intéressante d'une dame qui présenta sur un bras une éruption papuleuse, par suite de l'usage d'un bracelet imitant la malachite, et dont la coloration verte avait été obtenue à l'aide du vert de Scheele. Un accident qui paraît se montrer de pré-

(1) Pietra Santa, *Ann. d'hyg.*, t. X, 2ᵉ série, 1858.
(2) Beaugrand, *Gazette des hôpitaux*, 1859, et *Dictionn. encyclopéd.*, art. ARSENIC (*Hygiène publique*).
(3) Vernois, *Ann. d'hyg.*, 2ᵉ série, 1859, t. XII.

férence chez les ouvriers qui fabriquent le vert de Schwein-fürt, consiste en des éruptions pustuleuses et des ulcérations se développant sur le scrotum chez l'homme, sur les grandes lèvres chez la femme, pouvant aller jusqu'à la gangrène, et reconnaissant probablement pour cause le transport sur ces parties de la poussière arsenicale, par les mains, au moment de la miction.

Des accidents analogues à ceux que nous avons énumérés précédemment s'observent encore chez les ouvriers qui fabriquent la fuchsine, chez ceux qui préparent du bleu de cobalt, et enfin chez les chapeliers et les ouvriers des fabriques de glace.

L'emploi des arsenicaux dans les laboratoires de chimie n'est pas non plus sans danger ; il suffit de rappeler là mort de Gehlen et de Schindler qui tous deux furent empoison-nés par l'hydrogène arsénié. Notons enfin que plus d'un enfant fut victime de l'ingestion de pâtisseries et de bon-bons, ainsi que de l'usage de jouets colorés avec des prépa-rations arsenicales, et qu'ils avaient imprudemment portés à leur bouche.

Avant de terminer l'histoire des accidents observés chez les individus qui font usage des préparations arsenicales, nous croyons utile de publier une observation que nous devons à l'obligeance de notre excellent ami le docteur Th. Anger, et qui relate un fait d'intoxication par le vert de Schweinfürt, chez un ouvrier fleuriste.

OBSERVATION. — *Empoisonnement par le vert de Schweinfürt. — Affaiblissement des membres supérieurs et inférieurs.*

P. Berthier, âgé de trente ans, fleuriste, entre le 16 janvier 1865 à l'hôpital Beaujon (service de M. Sée). Il n'a eu comme maladies antérieures qu'une fièvre typhoïde, il y a treize ans ; il n'y a pas chez lui d'antécédents syphilitiques. Il est pâle, anémique, et présente les apparences d'un tempérament lymphatique.

Il ne se sert du vert de Schweinfürt que depuis trois ans seulement. Ordinairement il travaille à la fabrication des fleurs pendant dix jours consécutifs, puis se repose pendant trois ou quatre jours, ou s'occupe à un autre genre de travail.

Dans cet intervalle, il prend quelques bains de vapeur, et reprend ensuite son état. Sa nourriture est ordinairement bonne, substantielle, et le vin, en suffisante quantité, entre dans le régime habituel des ouvriers qui travaillent avec lui.

Il y a trois ans, dès le troisième jour de son entrée dans la fabrique, il fut pris de maux de tête, et vit bientôt apparaître des boutons et des ulcérations à la nuque, autour des narines, et jusque dans les fosses nasales. Il suspendit son travail pendant quinze jours, prit quelques bains de vapeur, et tous ces accidents disparurent rapidement. Un an après, il eut à la nuque un abcès qui fut ouvert à l'hôpital Saint-Louis. Quelques mois plus tard il fut pris dans la mâchoire d'une très-vive douleur rhumatismale qui disparut en quelques jours après une application de sangsues.

L'an dernier, il éprouva une sorte d'engourdissement dans les membres supérieurs: ainsi, lorsqu'il soulevait le maillet pour découper les fleurs, l'instrument lui échappait des mains, les doigts n'ayant plus la force de le retenir. Les membres inférieurs avaient conservé leur force normale ; du moins il ne s'est aperçu d'aucun affaiblissement de ce côté. Il se reposa pendant une quinzaine de jours, prit des bains de vapeur, et recommença son travail. Mais comme il n'avait plus assez de forces dans les bras pour découper ou frapper les étoffes, ce qui exige un effort assez considérable, à partir de ce moment, on l'employa dans la fabrique à *féculer* les étoffes. Cette opération consiste à étendre avec un tamis le vert arsenical sur les feuilles recouvertes d'une couche de cire. Ce genre de travail l'exposait donc bien plus encore qu'auparavant à l'action des poussières arsenicales, et c'est alors qu'il remarqua que le vert de Schweinfürt s'incrustait très-rapidement sous la peau, et qu'au bout d'un certain temps il était impossible de l'en faire partir, produisant ainsi quelque chose de tout à fait comparable au tatouage.

Depuis six mois seulement, il s'aperçut que les membres inférieurs s'affaiblissaient à leur tour. L'affaiblissement des membres supérieurs n'avait pas sensiblement augmenté.

Tels sont les antécédents que le malade raconte avec beaucoup d'intelligence.

Ce dont il se plaint surtout aujourd'hui, c'est la faiblesse des membres inférieurs. La démarche, en effet, est caractéristique. Il marche à petits pas, les jambes très-écartées pour élargir la base de sustentation, les yeux ouverts et fixés sur le bout des pieds. Il ne traîne pas les jambes, mais ses pas sont très-petits et multipliés ; il a peur de perdre l'équilibre. Lorsqu'on lui bande les yeux, il peut rester debout et marcher, et l'on n'observe rien autre chose que ce qui se passe chez l'individu marchant dans l'obscurité. Les pas sont d'ailleurs réguliers, et il ne jette pas les jambes comme les ataxiques.

Malgré sa faiblesse et la difficulté de sa marche, il conserve cependant assez de force dans les muscles, et couché, il résiste bien lorsqu'on veut plier sa jambe.

La même faiblesse se remarque dans les membres supérieurs ; il serre faiblement la main qu'on lui donne, et pour peu qu'on veuille la retirer, il n'a pas assez de force pour la retenir. Aussi les objets pesants, tels que son maillet, lui échappent-ils facilement des mains. Sauf cette faiblesse, il exécute tous les mouvements.

L'intelligence est intacte. La sensibilité est partout conservée. Seulement il ressent dans les membres supérieurs et inférieurs un engourdissement qu'il compare à celui qu'on éprouve lorsqu'un membre reste longtemps dans une position gênée, et où la circulation est difficile.

L'appétit est conservé, les digestions sont faciles, il n'y a pas de vomissements ni de diarrhée. La miction est normale, sans albumine dans les urines. La circulation est normale aussi ; il n'y a pas de bruit de souffle.

Il n'a rien remarqué non plus d'extraordinaire du côté des fonctions génésiques.

Le traitement consiste en des bains sulfureux et l'emploi de l'électricité.

Les muscles se contractent très-facilement sous l'influence de l'électricité.

Il n'y a pas d'atrophie sensible de ces organes.

10 *février*. — Depuis huit jours, le malade va très-bien ; la marche est plus facile, mieux assurée et moins fatigante ; il ne traîne plus les pieds.

La force est également revenue dans les membres supérieurs et inférieurs.

On ne peut pas dire que le malade ait recouvré toute sa vigueur, mais l'amélioration est considérable, et il peut reprendre son travail.

Depuis son entrée, on a électrisé les membres presque tous les jours, et tous les deux jours il prenait un bain de barége ou un bain de vapeur.

Sorti le 10 février 1865.

Ce qui nous frappe surtout dans cette observation, c'est l'affaiblissement musculaire, qui a été l'un des premiers symptômes observés, et qui, contrairement à ce qui se passe habituellement, a débuté par les membres supérieurs.

Nous y voyons aussi que cet ouvrier, malgré les excellentes conditions hygiéniques dans lesquelles il se trouvait placé, malgré aussi la précaution qu'il avait de prendre des bains et de suspendre son travail de temps en temps, n'en a pas moins subi l'intoxication arsenicale, dans une de ses manifestations les plus graves.

III. — Recherches expérimentales.

L'étude des effets physiologiques de l'arsenic est certainement la partie la plus obscure de l'histoire de ce médicament, et l'on est frappé de l'indifférence avec laquelle cette question a été traitée par les auteurs qui ont écrit sur ce sujet.

A part Harless et Hanhenmann, qui ont fait des expériences sur l'homme sain, à part Orfila, qui a expérimenté sur les chiens, Schmitt et Sturzwage sur les poules et les chats, Brett-Schneider sur différents animaux, un très-petit nombre d'expérimentateurs se sont lancés dans cette voie, et jusqu'à ce jour, les seuls documents sur lesquels ait été basée l'étude physiologique de l'arsenic, ont été fournis surtout par les médecins qui, dans leur pratique, ont employé l'arsenic comme moyen thérapeutique, et ont recueilli des observations parfois intéressantes, où se trouvent notées quelques propriétés physiologiques de l'arsenic. Parmi ces observateurs, nous citerons : Fowler, Hepp, Rayer, Bardley, Boudin, Biett, Cazenave, Flandin, Imbert-Gourbeyre, Ch. Isnard, Barella, Millet (de Tours), etc.

Mais les propriétés les plus contradictoires ont été successivement attribuées à l'arsenic. L'école italienne, avec Rasori, le considère comme hyposthénisant, d'autres en ont fait un médicament sthénique, les uns lui attribuent des propriétés pyrétogènes (école homœopathique), d'autres, au contraire, des propriétés antifébriles. Enfin on en a fait un altérant (Hirtz) et un reconstituant (Trousseau). Toutes les opinions ont donc été émises; aussi ce médicament n'a-t-il pu encore trouver une place définitive dans les différentes classifications thérapeutiques.

Quoi qu'il en soit, nous notons comme principaux effets physiologiques signalés par les auteurs et attribués à l'arsenic, les propriétés suivantes : Excitation de l'appétit, facilité des digestions, embonpoint. Quelquefois un peu de diarrhée, selles jaunes et fétides. Excitation du système musculaire, grande aptitude à la marche, facilité de respirer, accélération du pouls, augmentation de la force des attements du cœur, augmentation de la sécrétion urinaire, excitation de tout le système nerveux cérébro-spinal.

Lorsque les doses augmentent, on observe des effets toxiques, tels que : nausées, vomissements, diarrhée, sentiment de constriction à la gorge, ptyalisme, larmoiement, soif, oppression des forces, suppression de l'urine, paralysie, et diverses affections cutanées.

En résumé, jusqu'à ce jour on a enseigné le plus généralement, que l'arsenic à petite dose était un médicament *stimulant*, et qu'à haute dose il devenait un *altérant*.

Mais quelques expérimentateurs (Schmitt, Brett-Shneider et Sturzwage) ayant démontré que l'arsenic avait une action évidente sur la nutrition, aujourd'hui que leurs assertions sont vérifiées, on est en droit de dire que la principale propriété de l'arsenic est de diminuer les oxydations.

Schmitt et Brett-Schneider ont conclu de leurs expériences que l'arsenic ralentissait la décomposition des tissus en modérant les combustions, et particulièrement celle de la graisse. Schmitt dit encore que l'arsenic a la propriété de retarder la putréfaction des globules du sang, qu'il diminue la quantité d'acide carbonique rendu par les animaux auxquels on a administré de ce poison, malgré que ce dernier ait la propriété d'augmenter le nombre des mouvements respiratoires. D'après le même observateur, il agit également sur la formation de l'urée. Dans les expériences qu'il fit avec Sturzwage, il démontra directement sur des animaux cette diminution de l'urée et de l'acide carbonique; et il estima la diminution du mouvement de la décomposition organique de nos tissus sous l'influence de l'arsenic de 20 à 40 pour 100 (cité par Hirtz).

Ce sont jusqu'à ce jour les seules données expérimentales que la science possède; aussi avons-nous cru utile de répéter quelques-unes des expériences de ces auteurs. C'est avec les résultats que celles-ci nous ont donnés, que nous nous proposons maintenant de décrire les propriétés physiologiques de l'arsenic; mais dans cette étude que nous entreprenons, nous puiserons plus d'un renseignement dans les leçons de M. le professeur Sée.

Pour étudier l'action de l'arsenic sur l'organisme, nous croyons nécessaire d'établir une distinction entre les effets des doses thérapeutiques et les effets des doses toxiques, ce que n'ont pas toujours fait les auteurs qui nous ont précédé, et c'est là, selon nous, une des principales causes qui ont fait attribuer à l'arsenic des propriétés si diverses et si contradictoires.

L'arsenic agit sur la nutrition, sur la circulation, sur la respiration, sur l'innervation; de plus, il agit encore, au moment de son élimination, sur les différentes glandes qui servent à le rejeter au dehors de l'économie, de là son étude sur les sécrétions, sur la peau et les muqueuses.

1° *Action sur la nutrition.* — L'arsenic administré à petite dose (au-dessous de 10 milligrammes) produit le plus souvent une augmentation de l'appétit, et une plus grande facilité de la digestion. Presque tous les observateurs se sont arrêtés à la constatation de ces faits (Hecker), que nous avons pu vérifier sur nous-même. Cependant, même à très-petite dose, il arrive parfois qu'il se manifeste des signes d'intolérance tels que nausées, vomissement, chaleur à la gorge, quelques coliques, et un peu de diarrhée. Ces signes d'intolérance se montrent de préférence lorsque l'arsenic est administré à jeun, et à un moment éloigné des repas; c'est du moins ce que nous avons pu constater dans nos expériences personnelles.

Harless le premier, ayant observé sur des adultes sains

que l'ingestion de 1/2 à 1/3 de grain d'arsenic excitait l'appétit, a attribué ce phénomène à l'augmentation de l'irritabilité de l'estomac et des intestins. Suivant lui, les mouvements péristaltiques de l'intestin se trouvant augmentés, l'absorption doit se modifier dans le même sens. Le fait ayant été vérifié par Biett et Cazenave, a reçu de ces auteurs la même interprétation. Mais les quelques expériences que nous avons déjà signalées et qui ont été entreprises en Allemagne, ont montré que l'action de l'arsenic n'était pas seulement une action directe sur l'estomac, et que la nutrition tout entière était modifiée par ce médicament. L'arsenic, en effet, ainsi que l'a enseigné M. le professeur Sée, est un médicament qui doit être rangé parmi ceux qui intéressent directement la nutrition de tous les tissus.

Pour vérifier cette assertion, nous possédions deux moyens d'investigation, c'était de constater l'état de la température après l'ingestion de l'arsenic, et de doser comparativement la quantité d'urée éliminée par les urines.

Dans une première série de recherches, que nous avons instituées sur l'homme sain et sur des malades, nous avons constamment trouvé une diminution de la température et une diminution de la quantité d'urée contenue dans les urines, après l'administration de petites doses d'arsenic. Ces résultats se sont trouvés confirmés par nos expériences sur les lapins et les chiens.

Ils sont d'ailleurs en parfait accord avec les expériences de Flandin sur la température, et de Schmitt sur l'urée.

A. — Recherches sur l'élimination de l'urée.

Dans nos recherches sur l'urée, nous avons employé trois procédés différents que nous allons décrire rapidement.

Premier procédé. — *Procédé de M. Chalvet.* — On pèse très-exactement 2 grammes d'urine que l'on fait évaporer lentement à une chaleur douce, au bain-marie ; un peu avant que la dessiccation soit complète, on retire la capsule et on la laisse refroidir. On traite le résidu par de l'acide azotique *pur*, que l'on verse goutte à goutte jusqu'à ce que les dernières gouttes ne soient plus retenues par le résidu. Cela fait, on étale sur un filtre le contenu de la capsule, et on le lave sur le filtre avec de l'acide azotique saturé de nitrate d'urée. Lorsque le précipité a été ainsi lavé, on le replace dans une petite capsule, et l'on y ajoute 2 grammes d'eau distillée. On évapore la solution au bain-marie, jusqu'à siccité complète. Le résidu ainsi obtenu n'est autre que de l'azotate d'urée que l'on pèse. Sachant que 100 grammes d'azotate d'urée contiennent 48 grammes d'urée, on obtiendra le poids de l'urée contenu dans 2 grammes d'urine en multipliant le poids obtenu par 48 et en divisant par 100.

De la quantité d'urée contenue dans 2 grammes d'urine, on déduit facilement la quantité d'urée contenue dans 1000 grammes d'urine. — Soit N le poids obtenu d'azotate d'urée pour 2 grammes d'urine, la formule suivante servira à déterminer le poids de l'urée pour 1000 grammes d'urine : $x = \dfrac{N}{2} \times \dfrac{48 \times 1000}{100}$.

Deuxième procédé. — *Procédé de Liebig.* — Il est basé sur la propriété que possède le nitrate acide de mercure de se combiner avec l'urée, et de former un précipité de nitrate double de mercure et d'urée. Voici succinctement comment on procède : on prend 10 grammes d'urine dans lesquels on verse 18 grammes d'une solution titrée composée de 100 centimètres cubes d'une solution de nitrate de baryte à saturation, et de 200 centimètres cubes d'eau de baryte saturée à froid, afin de précipiter les phosphates. On filtre le liquide et l'on opère alors sur 10 grammes. On le place ensuite sous une éprouvette de Möhr que l'on a remplie de la solution de Liebig (cette solution se prépare en faisant dissoudre dans de l'acide nitrique concentré 71^{gr},48 de mercure pur que l'on chauffe lentement jusqu'à consistance sirupeuse; on ajoute ensuite assez d'eau pour avoir un litre de solution); on laisse alors couler une petite quantité de cette solution; on agite avec un agitateur de verre que l'on porte lorsqu'il est ainsi imbibé sur des fragments de carbonate de soude déposés dans une capsule de porcelaine; on ajoute graduellement de la liqueur de Liebig, et l'on ne s'arrête que lorsque le carbonate de soude décèle qu'il y a excès de nitrate mercurique en donnant une belle coloration jaune foncé. Se basant ensuite sur ce que 1 centimètre cube de la solution titrée de Liebig correspond environ à 1 centigramme d'urée, on obtient la quantité d'urée contenue dans 1000 grammes, en divisant par 5 le nombre de centimètres cubes de nitrate mercurique que l'éprouvette de Möhr a dosés, et qui ont été nécessaires pour précipiter l'urée contenue dans 5 grammes de l'urine examinée, et en multipliant le tout par 1000.

TROISIÈME PROCÉDÉ. — On pèse dans une petite capsule 2 grammes d'urine, qu'on évapore le plus lentement possible en consistance d'extrait; on laisse refroidir et l'on reprend le résidu par l'alcool à 85 degrés bouillant qui dissout seulement l'urée et précipite l'acide urique ainsi que les sels minéraux. Par décantation, on sépare la solution alcoolique d'urée, du résidu insoluble.

Mise dans une autre petite capsule, la solution alcoolique es évaporée à siccité; elle laisse alors de l'urée pure, à laquelle on ajoute deux ou trois gouttes d'acide azotique (densité 1,42) étendu d'autant d'eau. On évapore de nouveau jusqu'à ce que l'azotate d'urée qui s'est formé soit déposé en cristaux sur les parois de la capsule, puis on chasse les dernières traces d'humidité en plaçant la capsule dans une étuve chauffée à 40 ou 50 degrés.

Lorsque l'azotate d'urée est bien desséché, on le ramasse au fond de la capsule en le faisant tomber avec une baguette de verre : on le délaye dans une très-petite quantité d'acide azotique saturé de nitrate d'urée et l'on jette le tout sur un filtre lavé à l'eau distillée, puis pesé. On lave la capsule avec la solution de nitrate d'urée et

l'on jette de nouveau sur le filtre : on fait plusieurs fois la même opération, si cela est nécessaire, afin d'enlever tout l'azotate d'urée contenu dans la capsule. On dessèche le filtre sur du papier plié en
plusieurs doubles; quand il est sec, on en détermine le poids. La
différence entre ce poids et celui du filtre fait connaître le poids de
l'azotate d'urée.

Du poids de l'azotate d'urée il est facile de déterminer la quantité d'urée contenue dans les 2 grammes d'urine analysés et par suite
celle que renferme 1000 grammes de la même urine.

Le procédé de M. Chalvet, employé sur nous-même, nous a donné
les résultats suivants :

1° Dosage de l'urée à l'état normal :

	Azotate d'urée.		Urée p. 1000 gr.
1re analyse.............	0,112	pour 2 gramm. d'urine.. =	26,88
2e —	0,105	.... =	25,2
3e —	0,115	.... =	27,7
		Moyenne de l'urée pour 1000 gramm. d'urine... =	26,58

2° Dosage après l'ingestion de 10 milligrammes d'acide arsénieux par jour:

	Azotate d'urée.		Urée p. 1000 gr.
1. Quarante-huit h. après.	0,088	pour 2 gramm. d'urine.. =	21,12
2. Trois jours après.....	0,078	.... =	18,72
3. Huit jours après......	0,070	.... =	16,80
		Moyenne de l'urée pour 1000 gramm. d'urine... =	18,88

Il y a donc une diminution de près de 8 grammes par 1000 grammes, et de plus, cette diminution est progressive. Pendant toute la
durée de l'expérimentation, nous nous sommes soumis autant que
possible à la même alimentation et à la même somme d'exercice
musculaire, et les urines analysées étaient constamment prises à
la même heure de la journée. Ajoutons enfin que la plupart de ces
analyses ont été contrôlées par M. le docteur Th. Anger, qui se
servait du procédé de Liebig, et que ses résultats étaient chaque
fois sensiblement égaux aux nôtres.

Le procédé de Liebig a donné les résultats suivants à M. le

docteur Meuriot, qui a bien voulu pendant quelque temps se soumettre à l'usage de l'arsenic.

1° Dosage à l'état normal :

$$
\begin{array}{r}
33,6 \\
30,96 \\
32,64 \\
\hline
\end{array}
$$

Moyenne d'urée pour 1000 grammes d'urine.. 32,46

2° Dosage après l'ingestion de 6 milligrammes par jour d'acide arsénieux:

$$
\begin{array}{r}
20,00 \\
18,00 \\
\hline
\end{array}
$$

Moyenne............................. 19,00

Le troisième procédé essayé par **M. Bruley**, interne en pharmacie, sur un hypochondriaque du service de **M. X. Richard**, a donné les résultats suivants :

1° Avant le traitement par l'acide arsénieux :

1re analyse........ 19,91 d'urée pour 1000 grammes d'urine.
2e   —   14,223
3e   —   16,49

Moyenne........ 16,86 d'urée pour 1000 grammes d'urine.

2° Après l'administration de 10 milligrammes par jour d'acide arsénieux :

1re analyse........ 12,231 d'urée pour 1000 grammes d'urine.
2e   —   11,662
3e   —   11,378

Moyenne........ 11,757 d'urée pour 1000 grammes d'urine.

Pendant tout le temps de l'expérimentation, le malade a été soumis à la même alimentation, et l'urine analysée était prise dans la masse totale de l'urine des vingt-quatre heures.

Quel que soit le procédé employé pour l'analyse des

urines, nous voyons donc que constamment il y a une diminution très-notable de la quantité d'urée éliminée dans les vingt-quatre heures.

B. — EXPÉRIENCES SUR LA TEMPÉRATURE.

Sur trois chiens à jeun, nous constatons la température dans le rectum, puis nous administrons à chacun d'eux 10 centigrammes d'acide arsénieux par la voie stomacale, et deux heures après nous prenons de nouveau leur température.

EXPÉRIENCE I.

	Température avant l'expérience.	Température 2 h. après l'ingestion de 0,10 d'acide arsénieux.
1er chien........	+ 39°,8	+ 39°,0
2e chien.......	39°,5	38°,8
3e chien.......	39°,6	38°,8

EXPÉRIENCE II.

	Température avant l'expérience.	Température 2 h. après l'ingestion de 0,10 d'acide arsénieux.
1er chien.......	+ 39°,4	+ 38°,6
2e chien.......	39°,2	38°,8
3e chien.......	39°,5	39°,0

EXPÉRIENCE III.

	Température avant l'expérience.	Température 2 h. après l'ingestion de 0,10 d'acide arsénieux.
1er chien.......	+ 39°,2	+ 39°,0
2e chien.......	39°,2	38°,4

Exp. IV. — A un lapin dont la température anale prise pendant plusieurs jours de suite donne pour moyenne 39°,2, on administre chaque jour par la voie stomacale 5 milligrammes d'acide arsénieux. Pendant les trois jours suivants, la température moyenne fut de 38°,2.

Exp. V. — Lapin. — Température moyenne pendant plusieurs

jours de suite, et avant l'ingestion de l'arsenic 39°,8. On administre chaque jour 1 centigramme d'acide arsénieux, et pendant les trois jours suivants, la température baisse à 39 degrés.

Exp. VI. — On administre par la voie buccale 5 centigrammes d'acide arsénieux à un lapin, dont la température moyenne avant l'expérience était de 39°,8. Pendant les trois jours suivants, la dose fut continuée et la température moyenne fut de 39 degrés.

Exp. VII. — Lapin. — Température 39°,6 ; 40 pulsations au quart de minute. On administre 5 centigrammes, et deux heures après, le thermomètre dans le rectum marque 39°,3, et le pouls est à 36 par quart de minute.

Exp. VIII. — Un lapin auquel on avait administré de l'arsenic pendant quarante jours à une dose allant progressivement de 5 milligrammes à 10 centigrammes, après avoir présenté des températures variant irrégulièrement entre 39 et 40 degrés, subit à la période ultime un abaissement considérable de la température. Le pouls, au contraire, qui pendant l'expérience avait varié de 26 à 50 (au quart de minute), monta à plus de 60 pulsations dans les derniers temps. Dans le cours de l'expérience on a noté de la diarrhée, de la lientérie. Le dernier jour, il présenta une faiblesse extrême de tous les membres, mais surtout prononcée aux membres postérieurs. Quand on plaçait l'animal sur les pattes, il se laissait retomber tantôt sur un côté, tantôt sur un autre. Il était somnolent, ne réagissait pas, et quand par hasard il cherchait à se mouvoir, il retombait immédiatement ; 52 respirations par minute, pupilles dilatées, température rectale 35°,2. L'animal meurt peu d'heures après.

Autopsie. — Le foie présente des tractus blanchâtres à sa surface ; il est congestionné, mou ; dans certains points, il se laisse complétement déchirer, et dans l'étendue de 3 centimètres en longueur et de 5 millimètres en largeur, il donne l'aspect d'un foie graisseux. Dans certaines parties, les lobules sont pâles et entourés par du tissu conjonctif épaissi et congestionné. L'examen histologique n'a pas été fait.

Exp. IX. — Un lapin qui avait pris 1 centigramme d'acide arsénieux pendant vingt jours consécutifs, succomba le vingtième jour.

Il présenta dans les derniers temps une élévation de la température et une augmentation du pouls. Pendant l'expérience, le pouls varia de 40 à 50 pulsations par quart de minute, la température de 39 à 40 degrés; à la période terminale, le pouls était à 60 et la température à 38. Il se manifesta à ce moment une diarrhée intense et d'une odeur infecte. Il y eut aussi de la paralysie des membres, comme chez le lapin qui fait le sujet de l'expérience précédente.

Autopsie. — Le foie est peu volumineux, les bords sont minces, translucides. On voit parfaitement dans les lobules trois colorations : rouge au centre, gris bleuâtre dans la partie moyenne, et finement injectée en rouge à la partie périphérique. On aperçoit des traînées blanchâtres entourant les lobules, et un certain nombre de tractus blanchâtres, mous, à la surface du foie. Sur l'un des points de la face inférieure existe une petite plaque jaunâtre, arrondie, de 1 demi-centimètre de diamètre environ, ne s'étendant pas à plus d'un millimètre en profondeur.

Examen microscopique à l'état frais (examen fait par M. Hénocque). — Sur beaucoup de points, on ne reconnaît plus les cellules, mais on ne trouve pas de granulations graisseuses bien apparentes. On trouve des granulations grisâtres. Les cellules hépatiques, dans les points où elles sont conservées, sont très-pâles et infiltrées de granulations grisâtres. Dans la portion jaune déjà signalée, on trouve de petites extravasations sanguines, et des cellules déformées et infiltrées de granulations pigmentaires et graisseuses, dans certains points noirâtres.

Exp. X. — Lapin. — Température normale 39°,6; 44 pulsations par quart de minute. On administre par la voie buccale 8 centigrammes d'acide arsénieux. Deux heures après, température 39 degrés et 48 pulsations.

Vingt-quatre heures après, le lapin est pris de diarrhée, mais sans vomissements; convulsions toniques et cloniques. Il rend par le rectum une sérosité jaunâtre, dans laquelle on a retrouvé de l'arsenic. La température prise dans un moment de calme est à 34 degrés, le pouls à 24. Faiblesse du train postérieur. Vingt-cinq minutes après le début des convulsions, le lapin meurt.

Autopsie faite immédiatement après la mort. — Il y a une vascularisation très-grande de tout le tube digestif.

L'estomac, très-distendu par des matières alimentaires, est rouge, injecté, et présente sur sa grande courbure un grand nombre de plaques hémorrhagiques. Il n'y a pas d'ulcérations.

Poumons sains.

Foie. — Il présente sur sa face convexe et sur sa face inférieure des infarctus allongés, jaunâtres, variant depuis quelques millimètres jusqu'à 1 centimètre de long, et présentant 1 millimètre d'épaisseur.

Examen microscopique fait par M. Hénocque. — A un faible grossissement, ces infarctus présentent des extravasations sanguines, avec coagulation du sang dans les rameaux de la veine porte, et infiltration de la matière colorante du sang dans les parties voisines.

Aux environs de ces extravasations, le tissu hépatique est blanc jaunâtre. On retrouve cependant encore des cellules hépatiques très-nombreuses; quelques-unes sont colorées en jaune orangé, ou en rouge; les autres présentent simplement des granulations graisseuses.

Dans bien des points les cellules ont disparu, et sont remplacées par des granulations graisseuses, des corpuscules et des noyaux qui semblent le résultat de la destruction des cellules.

Ce foie nous fournit donc l'exemple d'une stéatose avec disparition partielle des cellules hépatiques, produite en vingt-quatre heures par l'ingestion d'une dose toxique d'arsenic.

EXP. XI. — *Petite chienne d'un an environ.* — Nous lui donnons, pendant vingt jours, 1 milligramme d'acide arsénieux.

Dès le quatrième jour, elle présente une gingivite, qui, d'abord peu marquée, devint peu de temps après très-intense. Les gencives, boursouflées, rouges, saignantes, répandaient une odeur fétide comparable à celle de la gingivite mercurielle.

Rien de notable du côté de la température.

On élève la dose à 5 milligrammes pendant six jours, ce qui produit encore peu d'effet, puis à 1 centigramme pendant six jours également. La conjonctive commence à s'injecter, mais l'état général est bon. Il y a seulement une toux sèche qui dure une dizaine de jours.

On porte la dose à 10 centigrammes pendant dix jours.

Pendant les trois premiers jours, on note un abaissement de température durant les quelques heures qui suivent l'ingestion de l'arsenic.

Le troisième jour, diarrhée jaunâtre, fétide.

De l'érythème se montre sur le ventre, qui est recouvert de taches d'un rouge vif.

Le sixième jour se déclare de l'érythème au niveau des articulations.

En même temps, l'état général devient mauvais; l'animal entre dans la période de l'arsenicisme; il mange moins, il ne joue plus; il est triste et se tient couché presque toute la journée.

La température, comparée à celle des jours précédents, a subi une augmentation de quelques dixièmes de degré.

Son urine contient un peu d'albumine.

La conjonctivite est très-intense; il s'est formé un chémosis qui recouvre une bonne partie de la pupille. Il y a aussi un écoulement très-abondant de larmes mêlées à un peu de pus. Les joues de l'animal sont complétement mouillées par suite de ce larmoiement intense. L'œil droit est beaucoup plus malade; les paupières, de ce côté, sont tuméfiées et forment deux bourrelets rougeâtres, avec un léger ectropion.

Au niveau de presque toutes les articulations, les poils sont tombés, et sur les endroits dénudés existent des ulcérations recouvertes de croûtes.

L'amaigrissement est considérable; de temps en temps l'animal vomit.

Au bout de dix jours, la dose est portée à 20 centigrammes. — Tous les accidents s'accusent davantage; l'amaigrissement est très-considérable; cependant l'animal ne refuse pas absolument toute nourriture.

Il se tient couché et dort presque continuellement. Quand il veut marcher, ses membres postérieurs ne le portent qu'avec difficulté. — Les éruptions cutanées s'étendent.

Des pustules se sont développées au niveau des mamelles.

La dose est donnée pendant trois jours; l'arsenicisme se prononce de plus en plus.

Somnolence et affaiblissement du train postérieur, tels sont les deux phénomènes les plus saillants que l'on observe.

Le quatrième jour, on sacrifie l'animal, près de deux mois après le début de l'expérimentation.

Autopsie pratiquée immédiatement. — Le tube digestif ne présente pas d'altération.

Il n'y a ni injection, ni inflammation, ni altération, ni hémorrhagie du côté de l'estomac. Nulle part on ne trouve d'hémorrhagie.

Les poumons sont emphysémateux.

Le foie présente une apparence jaunâtre par places. Il est mou, friable, garde l'empreinte du doigt qui le presse.

Examen microscopique. — Les lobules hépatiques ont en partie perdu leur transparence. Un très-grand nombre de cellules sont infiltrées de granulations opaques, graisseuses et jaunâtres, se décomposant en une grande quantité de petites gouttelettes graisseuses.

D'autres cellules ne présentent pas d'altération notable. Il semble que la moitié des cellules ait échappé à l'infiltration graisseuse, et que cette infiltration porte surtout sur la partie centrale des lobules qui présente, par conséquent, une coloration jaunâtre et une opacité plus grande que celles de la partie périphérique des lobules. D'ailleurs, cet état est généralisé dans tout le foie. Cependant, vers la face inférieure, en général, la dégénérescence graisseuse est plus prononcée.

Reins. — Les reins présentent, à la base, l'apparence graisseuse. A l'examen microscopique, on retrouve dans les tubes, dans les glomérules, dans le tissu conjonctif, les altérations suivantes : infiltration graisseuse des tubes, disparition des cellules qui forment dans le liquide de la préparation des détritus opaques, mélangés d'une infinité de gouttelettes graisseuses. Un grand nombre de tubes ont conservé de leur épithélium, qui est infiltré de granulations graisseuses.

Le sang est fluide partout.

Les deux chiens dont nous allons donner maintenant l'observation, ont présenté avec le précédent la plus grande analogie dans leurs symptômes. Nous serons donc très-bref sur l'exposé de ces symptômes.

Exp. XII. — *Chien terrier de moyenne taille, jeune.* — Pendant vingt jours, on lui donne 5 milligrammes d'acide arsénieux; les seuls symptômes à noter sont l'apparition, le cinquième jour, d'une gingivite et d'une diarrhée jaunâtre, fétide, qui ne dure que deux jours.

Le vingtième jour, on donne 1 centigramme, que l'on continue pendant six jours, puis 5 centigrammes pendant dix jours.

Peu de temps après l'administration de cette dose de 5 centigrammes, la gingivite se prononce de plus en plus, à ce point que la mastication devient complétement impossible. L'animal ne peut prendre que la viande coupée par petits morceaux qu'il avale sans mâcher.

Le huitième jour, la diarrhée reparaît avec les mêmes caractères, et d'une durée passagère.

La température prise peu de temps après l'administration de l'arsenic subit un abaissement de quelques dixièmes de degré.

Les poils tombent au niveau des articulations, et mettent ainsi à nu une surface rouge, mais non ulcérée.

On donne 10 centigrammes. L'arsenicisme se déclare. L'animal, qui jusque-là avait conservé l'appétit, ne mange plus qu'avec peine; il est triste. Une éruption pustuleuse se montre sur plusieurs points du corps, et notamment au niveau des articulations qui ne sont plus recouvertes de poils. Dans certains points, il y a des ulcérations recouvertes de croûtes.

Le pouls augmente de fréquence, la température monte de 1 degré. Il n'y a pas encore d'amaigrissement bien marqué.

On porte la dose à 15 centigrammes pendant cinq jours. Mêmes symptômes plus accusés. Malgré l'élévation de la température moyenne, lorsque l'on prend celle-ci peu de temps après l'ingestion de l'arsenic, on trouve un abaissement assez notable.

On donne 20 centigrammes. L'amaigrissement se prononce davantage. L'animal devient somnolent; il dort presque constamment, ne mange presque plus, et présente aussi de l'affaiblissement du train postérieur. Trois jours après on le sacrifie. Il prenait de l'arsenic depuis six semaines.

Autopsie faite immédiatement après. — Ni rougeur, ni injection, ni inflammation du tube digestif, qui est sain dans toute son étendue. Nulle part il n'y a d'hémorrhagie. Les poumons sont sains.

Toutes les altérations semblent avoir porté sur le foie et les reins, qui donnent à l'œil nu l'aspect de la stéatose.

Sur le foie, on voit, comme sur le chien précédent, des plaques jaunes de 2 ou 3 centimètres carrés d'étendue, et sur la face inférieure du foie deux traînées d'un blanc jaunâtre. Le sang est coagulé dans les ramifications de la veine porte.

Sur deux coupes faites dans différents points du foie, on trouve à l'œil nu d'une part des îlots jaunâtres, d'aspect graisseux, et d'autre part des îlots qui ont une coloration rosée très-prononcée, étendue en forme de grandes plaques et de sugillations. Dans d'autres points, où l'on rencontre de petites ramifications de la veine porte, on trouve une partie centrale formée par la veine avec le sang coagulé, puis, autour, une infiltration de toutes les cellules qui sont colorées en rose plus ou moins vif. A la périphérie, le parenchyme a une coloration jaunâtre, comme le foie gras. Enfin, on retrouve quelquefois, tout autour de cette zone jaunâtre, une zone rougeâtre colorée par le sang.

Au microscope. — Dans les parties jaunes, on retrouve les cellules épithéliales infiltrées de granulations graisseuses assez grosses, en même temps qu'un grand nombre de gouttelettes graisseuses nageant dans la préparation. On ne retrouve plus les noyaux des cellules. Dans les portions rosées, les cellules sont plus opaques qu'à l'état normal, infiltrées de granulations graisseuses, et en outre présentent une teinte rosée très-prononcée. On retrouve dans la préparation de nombreux cristaux d'hématine; mais on n'en retrouve pas dans l'intérieur des cellules.

Il y aurait ici à la fois dégénérescence graisseuse des cellules et infiltration par la matière colorante du sang, et peut-être même une substance protéique que l'on retrouve sous l'apparence d'une matière amorphe, granuleuse.

Par l'addition d'eau, toutes les cellules se gonflent, et les granulations graisseuses deviennent libres.

En résumé, il y a, suivant les points, stéatose, c'est-à-dire dégénérescence graisseuse des cellules, et dans d'autres points, infiltration de la matière colorante du sang, et enfin coagulation du sang dans la veine porte.

Reins. — A l'œil nu, ils présentent une teinte jaune très-prononcée dans toute leur étendue. Les substances corticale et médullaire sont confondues l'une avec l'autre.

Au microscope, on trouve des altérations qui ont envahi aussi bien la substance corticale que la substance médullaire, et qui se rencontrent dans la plupart des tubes.

Le plus grand nombre des tubes ont conservé leur épithélium; mais, d'une part, les cellules sont complétement comblées par des granulations et des cellules graisseuses, et l'on retrouve dans le centre du tube également de ces granulations et de ces gouttelettes graisseuses. Enfin, dans certains tubes, on ne peut distinguer absolument que ces granulations et ces gouttelettes graisseuses, qui donnent au tube l'aspect d'une dégénérescence graisseuse des plus avancées.

Les mêmes altérations se retrouvent dans les glomérules de Malpighi.

Ces altérations sont généralisées, et l'on retrouve quelques tubes

atrophiés, ne renfermant plus que quelques granulations graisseuses.

EXP. XIII. — *Jeune chienne forte et robuste, quoique d'une
taille moyenne.* — On fait prendre à cette chienne 2 milligrammes
d'acide arsénieux pendant vingt jours. Gingivite le neuvième jour.

Le douzième, elle est prise d'une toux sèche, saccadée, qui
persista avec le même caractère pendant toute la durée de l'expérimentation. L'état général fut très-bon pendant ces vingt
jours.

On élève la dose à 5 milligrammes pendant six jours. Peu de
résultat. Il se développa seulement le cinquième jour une conjonctivite purulente.

On donne 5 centigrammes pendant cinq jours ; comme chez
les autres chiens, on constate, peu de temps après l'ingestion de
l'arsenic, un abaissement de température, qui ne dure d'ailleurs que pendant quelques heures. Dès le lendemain, la température était remontée à ce qu'elle était la veille. Le cinquième
jour, l'état général, qui jusque-là avait été très-bon, devient mauvais. Cette chienne, ordinairement très-vive et très-caressante, reste
couchée et ne veut pas jouer. Depuis quelques jours les poils tombent, surtout au niveau des articulations qui sont rouges. On sus-
pend trois jours l'usage de l'arsenic, et la chienne revient à son état
normal.

On reprend à la dose de 5 centigrammes que l'on porte trois
jours après à 10, puis à 15. Deux jours après, apparaissent des
signes d'arsenicisme. Cette chienne, qui jusque-là avait été très-
vorace, perd l'appétit ; de temps en temps elle vomit et est prise de
diarrhée fétide. Elle maigrit très-rapidement, et à la période ultime
cet amaigrissement est considérable ; les masses musculaires sont
aussi très-atrophiées. Sur toutes les parties du corps, elle est recou-
verte de pustules ulcérées par places, et recouvertes de croûtes.
Aux ischions surtout apparaissent deux plaques rouges, ulcérées.

On donne 20 centigrammes d'arsenic, et deux jours après, la
chienne meurt après avoir présenté pendant vingt-quatre heures
une somnolence complète, et un affaiblissement considérable des

membres postérieurs. Le dernier jour, elle refuse toute nourriture et se tient couchée dans un coin; cependant lorsqu'on l'appelle, elle se lève, fait quelques pas en marchant de travers et en tremblant sur ses jambes postérieures, et se laisse bientôt retomber. Elle rend involontairement ses urines, qui sont d'un rouge très-foncé.

La respiration est difficile, anxieuse, profonde, bruyante et rapide, il y a 60 respirations par minute; la toux, qui jusque-là avait été très-intense, a complétement disparu.

Il n'y a ni diarrhée ni vomissements.

En examinant les conjonctives, on constate une teinte ictérique très-prononcée; de même dans la cavité buccale.

Les battements de cœur sont faibles et fréquents.

Il y a 120 pulsations par minute.

Le thermomètre introduit dans le rectum marque 35°,4.

Il y a une grande pâleur de toutes les muqueuses.

Quelques heures après la constatation de ces symptômes, l'animal succombe après six semaines d'intoxication.

Autopsie dix heures après la mort. — Il n'y a pas de rigidité cadavérique. Les téguments, les muqueuses et tous les tissus sont très-ictériques.

L'estomac ne présente ni taches, ni ecchymoses, ni ulcérations; il contient environ un verre d'un liquide jaunâtre, analogue à la matière diarrhéique rendue pendant la vie. L'intestin grêle est sain.

Le gros intestin est phlogosé, et toute sa partie inférieure, dans une étendue de 35 centimètres, est remplie par une masse noire, moulée sur le canal intestinal, et qui n'est autre chose qu'un énorme caillot de sang, formé de couches concentriques, et dont le centre est ramolli.

Les poumons sont pâles, ecchymosés par places, il y a un emphysème très-prononcé, avec une énorme dilatation des bronches qui sont remplies d'un liquide muco-purulent. Dans le poumon droit existe, vers la partie moyenne, un abcès du volume d'une noix.

Le cœur est rempli par un caillot noir.

Foie. — Volumineux, surface lisse, jaune, teinte ictérique très-prononcée, consistance mollasse.

A la coupe, il présente une coloration jaune assez intense, et dans certains points, orange foncé; la surface est lisse, brillante, comme graisseuse.

Les branches de la veine porte sont béantes.

Examen microscopique (par M. Hénocque). — Les cellules hépatiques sont comblées par la graisse, et présentent en même temps une teinte jaune. Les noyaux ont disparu; la graisse se présente sous la forme de grosses vésicules remplissant plus ou moins la cellule, ou de granulations jaunes, brillantes, graisseuses. — On trouve en même temps, dans le tissu conjonctif, une grande quantité de granulations et de vésicules graisseuses. D'ailleurs, dans la préparation, de nombreuses gouttelettes sont à l'état libre. — On soumet la préparation, pendant une demi-heure, à un jet d'eau assez fort, et l'on retrouve ensuite les granulations graisseuses dans le tissu conjonctif, malgré cependant que les cellules hépatiques aient disparu dans les mêmes points, entraînées par le courant d'eau (voy. la planche, fig. 5); ce qui prouve que ces granulations que l'on observe dans le tissu conjonctif ne sont pas dues à la rupture des cellules hépatiques qui les y aurait déposées, mais bien à une stéatose du tissu conjonctif lui-même.

En différents points, il y a coagulation du sang dans la veine porte, avec adhérence des caillots avec les parois, et tout autour on trouve non-seulement la dégénérescence graisseuse, mais une infiltration sanguine des cellules et du tissu conjonctif avec teinte rosée, et formant une couche concentrique autour des vaisseaux. Ces caractères, d'ailleurs, se retrouvent à l'œil nu.

En résumé, il y a ictère et stéatose du foie avec coagulation du sang dans la veine porte.

Reins. — A l'œil nu, ils sont jaunâtres, ramollis, et présentent une apparence graisseuse.

Examen microscopique. — Dans la substance corticale, on trouve un grand nombre de tubes d'un noir jaunâtre, remplis de granulations graisseuses; dans les uns, on peut encore retrouver des cellules épithéliales infiltrées de graisse, noirâtres, et comme soudées ensemble par un épanchement de nature probablement protéique.

Dans les glomérules de Malpighi, on trouve encore une infiltration granulo-graisseuse.

Enfin, le tissu interstitiel renferme encore un grand nombre de granulations graisseuses.

Dans certains tubes, on trouve de grosses gouttelettes graisseuses entièrement comparables à la stéatose des reins dans le phosphore.

Dans les pyramides, on retrouve des altérations analogues (voy. la planche, fig. 4).

Dans le liquide même, il y a un épanchement de nature protéique, mais dont nous n'avons pu déterminer la composition.

Les muscles présentent aussi un état granuleux, mais à un très-faible degré.

En résumé, chez les trois chiens dont nous avons rapporté les observations, les altérations du côté du foie sont à l'œil nu caractérisées par la coloration jaunâtre, la coupe lisse, l'aspect graisseux des foies gras. Chez l'un des animaux il y avait une coloration ictérique très-intense, et enfin chez ceux des expériences XII et XIII, il y avait des colorations rosées dues à l'infiltration de la matière colorante du sang qui, dans ces deux cas, était coagulé dans la veine porte.

Au microscope, nous avons trouvé une stéatose à peu près généralisée chez deux chiens (exp. XII et XIII), et réduite chez l'autre à la moitié du parenchyme (exp. XI). Chez les deux premiers, l'infiltration coïncidait avec la stéatose.

Du côté des reins, nous trouvons des altérations analogues, chez les trois, et caractérisées par une infiltration graisseuse considérable des éléments des tubes et des glomérules, en même temps qu'une transformation graisseuse complète de leur contenu dans divers points, rappelant tout à fait les degrés les plus avancés de la stéatose phosphorée.

En même temps, chez le chien de l'expérience XIII principalement, on retrouve ces tubes devenus opaques, dans lesquels les cellules épithéliales, devenues elles-mêmes opaques et graisseuses, semblent soudées par un exsudat de nature probablement protéique, et qui a été signalé par M. Ranvier parmi les altérations produites sur les reins dans l'empoisonnement par le phosphore.

Ainsi dans les reins, la généralisation des altérations, leur degré, leur forme, ne permettent pas de mettre en doute l'existence d'une dégénérescence graisseuse des éléments, en même temps qu'il resterait des traces d'une exsudation albumineuse dans leur intérieur. On ne saurait d'ailleurs les confondre avec l'état graisseux que présentent si souvent un certain nombre de tubes chez les chiens.

Du côté du foie, la dégénérescence graisseuse, par sa généralisation et le degré des lésions, paraît devoir être rapportée à d'autres causes que celles qui atteignent ordinairement les animaux que l'on soumet aux expériences. Par la coïncidence de ces lésions avec celles des reins, et surtout par l'état de ces derniers, nous nous croyons en droit de les rapporter à la stéatose produite par l'empoisonnement arsenical.

Quant à l'infiltration des cellules par la matière colorante du sang, observée chez les chiens des expériences XII et XIII, nous croyons pouvoir la rapporter à la même cause.

Nous signalons l'ictère sans pouvoir nous prononcer sur

la condition pathogénique de ce symptôme; nous croyons cependant pouvoir le rattacher à l'altération du foie plus profonde chez le chien qui en a été atteint que chez les autres. On se rappelle, en effet, qu'il y avait chez ce chien une infiltration de graisse dans le tissu conjonctif, et, peut-être, est-ce là une circonstance qu'on puisse rapprocher de la production de l'ictère dans ce cas.

Notons enfin chez ces trois chiens l'état granuleux des muscles, mais trop peu accusé pour qu'on puisse prononcer avec certitude l'existence de la stéatose dans le tissu musculaire.

Nous voyons par l'observation de ces trois chiens soumis à l'influence prolongée de l'arsenic, que les petites doses, celles qui ne dépassent pas 1 centigramme, sont très-bien tolérées. Le seul accident que nous ayons noté, et dont l'apparition a été très-rapide chez tous, c'est le développement d'une gingivite qui, sur l'un d'eux, fut d'une intensité peu commune. Mais à si petite dose l'influence sur la température a été peu accusée. Ce n'est qu'à plus haute dose, 1, 2, 3 et 4 centigrammes, que nous avons pu noter un abaissement constant de la température dans les premières heures qui suivent l'administration de l'arsenic, et nous retrouvions le lendemain une température sensiblement égale à celle que nous avions trouvée la veille, avant l'ingestion de l'arsenic. Lorsque l'on dépassait la dose de 5 centigrammes, apparaissaient les symptômes de l'arsenicisme : Intolérance du poison, perte de l'appétit, amaigrissement rapide, chute des poils, éruptions diverses sur la peau, élévation de la température et du pouls, etc. L'amaigrissement rapide qui se montra, et qui a été si profond sur la chienne de l'expérience XIII, ne nous paraît pas devoir être rattaché uniquement à la diminution de l'appétit, mais bien plutôt, selon nous, à la dégénérescence graisseuse trouvée constamment sur le foie de nos animaux, qui ainsi ne pouvaient plus digérer les graisses. L'altération du foie doit jouer aussi un grand rôle dans le développement des accidents généraux (élévation de la température et fréquence du pouls). Nous avons aussi noté chez les trois chiens, qu'à la période ultime il y avait une somnolence très-prononcée, accompagnée d'affaiblissement considérable des membres postérieurs.

Enfin comme lésions anatomiques, nous avons vu dans les trois cas une dégénérescence graisseuse du foie et des reins, et dans un seul cas il y eut des hémorrhagies que certains auteurs considèrent comme constantes. Dans deux cas, il y eut seulement une légère infiltration sanguine dans le foie.

En résumé, l'arsenic jouit évidemment de ces deux propriétés capitales :

1° Abaissement de la température ;

2° Diminution de l'urée dans les urines, et c'est à ces effets physiologiques, comme nous le verrons plus tard, que l'arsenic doit évidemment son action anti-fébrile.

On admettait autrefois que l'arsenic avait la propriété d'augmenter le nombre des globules sanguins, et qu'il devait à cette propriété ses effets généraux sur la nutrition. Mais l'expérimentation directe vient de nous démontrer que c'est plutôt à une diminution des oxydations que l'on doit rapporter cette action favorable de l'arsenic sur l'économie, puisque l'homme et les animaux auxquels on administre ce médicament, subissent un abaissement de la température et une diminution dans l'élimination de l'urée.

Ces deux faits prouvent manifestement que les combustions sont modifiées et amoindries dans tous les tissus, et que le mouvement de dénutrition se trouve ainsi entravé.

C'est donc à juste titre que M. Sée a pu ranger aujourd'hui l'arsenic parmi les *médicaments d'épargne*, à côté de l'alcool, du café, etc.

L'arsenic, suivant M. Sée, devrait cette propriété à une combinaison directe avec les globules du sang. Cette combinaison se ferait aux dépens de l'oxygène, dont l'arsenic prendrait la place, et les globules privés de leur oxygène ne sont plus aptes à oxyder nos tissus dont la dénutrition se trouve ainsi ménagée. En effet, sur les cadavres des individus empoisonnés par l'arsenic, on a observé que les globules se conservaient. C'est qu'ils sont préservés de la décomposition par suite du défaut d'oxygène. L'arsenic empêche donc les globules de se charger d'oxygène dans les poumons, et les rend alors incapables d'oxyder les tissus ; de cet arrêt des combustions résulte, comme nous le verrons plus loin, la métamorphose graisseuse des organes.

Toute la dénutrition se trouve en effet enrayée par l'usage de l'arsenic, et non-seulement il est permis de constater expérimentalement la diminution de l'urée éliminée par les urines, mais, comme nous l'avons déjà dit, les expériences entreprises en Allemagne ont démontré que la quantité d'acide carbonique rendu par les poumons subissait également une diminution notable.

L'arrêt du mouvement de dénutrition est donc à la fois accusé, pour les matières hydro-carburées et pour les principes azotés.

Arsenicisme. — Mais lorsque l'usage de l'arsenic est prolongé pendant un temps assez long, cette diminution de la dénutrition ne produit plus d'effet salutaire, capable d'être utilisé en thérapeutique. On observe, tout au contraire, des

symptômes d'intolérance, des troubles profonds de la nutrition, un amaigrissement considérable, et la mort peut en
être la conséquence. Tous ces phénomènes se rapprochent
alors de ceux qu'on observe chez les animaux qui ont ingéré
des doses toxiques, avec quelques différences cependant.

Ces troubles profonds dans toutes les fonctions que
détermine l'administration longtemps prolongée de l'arsenic, ont reçu le nom d'*arsenicisme*. Nous décrirons
plus loin les lésions qui caractérisent cet état. Nous ne
voulons que signaler ici en passant, le mode d'action de
l'arsenic dans ce cas particulier.

Chez les individus ainsi empoisonnés, ce sont des dégénérescences graisseuses que l'on constate dans les organes,
et celles-ci doivent se rattacher sans aucun doute au défaut de vitalité des globules qui sont privés, par le fait de
l'arsenic, de la propriété de se révivifier au contact de
l'oxygène. Les tissus se trouvant ainsi dépourvus des éléments les plus essentiels à leur nutrition, dégénèrent et se
transforment en graisse.

L'examen du sang des cadavres des individus empoisonnés par l'arsenic démontre encore que, loin d'être augmentée, la quantité des globules a au contraire subi une
diminution. C'est qu'en effet sous l'influence de dose élevée,
de dose toxique d'arsenic, les globules peuvent se détruire en partie, et c'est à cette destruction que doivent
être attribuées les hémorrhagies, par suite de la diffusion
de l'hémoglobine dans les tissus.

2° *Action sur la respiration.* — La propriété singulière
que possède l'arsenic de rendre la respiration plus facile,
est démontrée d'une manière évidente par toutes les observations qui ont été faites chez les arsenicophages. Non-

seulement l'homme paraît, sous ce rapport, retirer de réels avantages de l'usage de l'arsenic, mais encore on trouve dans cette substance un moyen incontestable d'augmenter chez les animaux la vigueur et l'aptitude à la course. Nous avons déjà signalé tous ces faits ; il s'agit maintenant de les interpréter.

L'expérimentation directe n'apporte pas ici de nouvelles données, et, dans les expériences que nous avons entreprises, nous n'avons noté aucun résultat manifeste. Après l'administration de faibles doses d'arsenic chez les animaux, nous n'avons signalé aucun changement du côté de la respiration. Ce n'est que chez les animaux empoisonnés, que l'intoxication soit lente ou rapide, que nous avons pu observer des troubles du côté de la fonction respiratoire.

Les phénomènes observés chez les arsenicophages doivent être rattachés non pas à une action spéciale de l'arsenic sur l'innervation des poumons, mais bien à la propriété générale que possède ce médicament de retarder la dénutrition des tissus, et par conséquent de conserver le système musculaire. Cet effet attribué à l'arsenic de rendre la respition plus facile, de donner à l'homme et aux animaux une certaine légèreté et une certaine souplesse, doit donc être attribué à l'action bienfaisante de ce médicament, sur tout le système musculaire, et en particulier sur les muscles intercostaux.

Le muscle, après l'ingestion de l'arsenic, ne se détruit pas, car, ainsi que nous l'avons vu, la respiration musculaire est diminuée, et c'est ce que démontre la diminution de l'acide carbonique exhalé par les poumons. Car, contrairement à Liebig, Lehman et Dumas, on admet aujourd'hui que la fatigue musculaire ne se traduit pas par une

augmentation de l'urée, mais bien par une augmentation
d'acide carbonique. Lorsque cet acide carbonique diminue,
on est donc en droit de dire que le muscle respire moins
que normalement, et c'est là un résultat que nous présentent les expériences de Schmitt et de Sturzwage.

Si la respiration est plus libre et plus facile, c'est donc
que les muscles respirateurs se fatiguent moins.

Bien que les expériences directes n'aient pas encore démontré que l'acide carbonique contenu dans le sang vei-
neux des arsenicophages soit diminué, on peut néanmoins
conclure dans ce sens, puisque chez ceux-ci on observe un
besoin moindre de respirer, et qu'il est permis de dire
d'une manière générale que le besoin de respirer est en
rapport inverse avec la quantité d'acide carbonique contenu dans le sang. La diminution que l'on a constatée
dans l'acide carbonique exhalé par les poumons, est encore
un fait à l'appui de cette proposition.

En résumé, par son action sur la nutrition en général et
sur le système musculaire, l'arsenic, en diminuant d'une
part le besoin de respirer, et en s'opposant d'autre part à
la fatigue des muscles intercostaux, produit un effet favorable sur la respiration; mais les résultats fournis par
l'administration de l'arsenic ne sont pas toujours aussi
satisfaisants, et il arrive que sous l'influence de l'usage
prolongé de cet agent toxique, ou de l'ingestion de fortes
doses, les muscles respirateurs subissent des modifications
dans leur structure, par suite de l'arrêt prolongé du mouvement nutritif, et alors on observe des troubles manifestes
du côté de la respiration. C'est ainsi que l'on a signalé chez
les individus soumis à un empoisonnement rapide, de la
dyspnée, des accès de suffocation, une respiration saccadée
et pénible. Nous avons observé de pareils accidents chez

nos animaux en expérience, à la période terminale de leur intoxication.

Il faut encore signaler les accidents dus à l'élimination de l'arsenic par la muqueuse respiratoire ; c'est une question sur laquelle nous reviendrons plus tard, lorsque nous en serons arrivé à l'étude de l'élimination de l'arsenic.

3° *Action sur la circulation.* — Nous examinerons séparément l'action de l'arsenic sur les vaisseaux et sur le cœur.

1° *Action sur les vaisseaux.* — On a signalé que les individus qui faisaient usage de l'arsenic avaient un teint rosé, animé, et c'est là une observation facile à faire chez les arsenicophages, qui, au dire des médecins qui les ont vus, se font remarquer par la teinte vive et animée de leur visage. On a dû rattacher ces phénomènes à une paralysie des parois musculaires des vaisseaux, qui, permettant, par suite de leur dilatation, un apport plus considérable de sang, déterminerait ainsi la coloration que l'on a signalée. Mais l'expérience prouve que l'arsenic ne paralyse dans les vaisseaux ni les nerfs, ni les muscles ; c'est là un point qu'il est facile de vérifier sur la grenouille, où la seule action du poison se traduit par une irritation des plus intenses qui peut aller jusqu'à l'inflammation, à moins que la dose ne soit plus considérable, et alors on observe de la mortification des tissus. A quel phénomène peut-on alors rattacher cette injection de la face observée chez les mangeurs d'arsenic? Il se produit la, par suite d'une irritation réflexe, une congestion active des vaisseaux capillaires ; cette congestion reconnaît pour cause une augmentation de la contractilité des vaisseaux, qui ne va pas jusqu'à produire la contracture, mais qui facilite la circulation capillaire qu'elle rend plus active. L'exagération de la contractilité artérielle ne doit pas être considérée comme créant toujours un obstacle au cours du sang, et, lorsqu'elle est modérée, loin d'arrêter le sang, elle en augmente le débit.

Ces contractions artérielles autonomes ne sont pas aujourd'hui admises par tout le monde, mais elles semblent résulter des travaux de MM. Onimus (1) et Legros (2). M. le docteur Meuriot (3), dans son excellente thèse sur *l'action physiologique de la belladone*, a démontré que l'atropine, tout en produisant un rétrécissement du calibre des artères, déterminait en même temps une accélération de la circulation, un afflux sanguin plus considérable, et établissait ainsi une congestion active des tissus.

L'arsenic paraît avoir une action analogue, mais sans contredit une énergie moindre, sur la circulation capillaire. C'est là d'ailleurs l'interprétation que M. le professeur Sée a donnée de ces phénomènes.

Dans les intoxications par l'arsenic, on observe que la peau prend parfois une teinte cachectique ; en effet, cette action que nous venons d'attribuer à l'arsenic sur les vaisseaux, ne se montre que lorsqu'on a administré des doses thérapeutiques. A dose toxique, les altérations du sang sont si profondes, que les tissus prennent alors un aspect pâle et le cachet général des anémies profondes.

2° *Action sur le cœur.* — A doses thérapeutiques, l'ar-

(1) Onimus, *Influence de l'électricité à courants intermittents et à courants continus sur les fibres musculaires de la vie végétative, et sur la nutrition* (*Comptes rendus des séances de l'Acad. des sciences.* Paris, 1867, t. LXV, p. 250).

(2) Legros, *Des tissus érectiles et de leur physiologie.* Thèse de Paris, 1867.

(3) Meuriot, *De la méthode physiologique en thérapeutique, et de ses applications à l'étude de la belladone.* Thèse de Paris, 1868, p. 46.

senic ne paraît pas avoir une grande action sur le cœur, c'est ce que nous avons observé en administrant de petites quantités d'arsenic à l'homme et aux animaux. Quoi qu'il en soit, il y a des observateurs qui disent que l'arsenic a la propriété d'augmenter les battements du cœur. C'est ainsi que Fowler a observé que le cœur devenait plus fréquent; beaucoup d'autres observateurs ont avancé qu'à faible dose, le pouls était mou et faible, ou serré et fréquent, et qu'à dose plus élevée celui-ci augmentait de force et de fréquence, et qu'enfin il diminuait lorsque la dose devenait réellement toxique. L'école homœopathique, avec son chef Hahnemann, reconnaît que l'arsenic produit de la fièvre, et que celle-ci affecte un caractère particulier qui se rapproche de celui des fièvres rémittentes. Considérant alors l'arsenic comme un agent pyrétogène, cette école en a déduit l'application de ce médicament dans le traitement des maladies fébriles. Biett paraît avoir également constaté que l'arsenic déterminait après son ingestion une sorte de fièvre périodique; mais les observateurs modernes ne signalent plus parmi les effets de l'arsenic aucun phénomène qui puisse rappeler, même de loin, cette action. Harless, d'ailleurs, avait autrefois observé que souvent cette fièvre ne se produisait pas. M. Cazenave a vérifié le fait, et nos expériences sont venues encore le confirmer. M. le professeur Sée croit que l'arsenic est impuissant à produire une accélération du pouls, et que ce n'est qu'à la suite de l'ingestion de doses toxiques ou d'un usage prolongé de ce médicament, qu'il a été observé un véritable mouvement fébrile. M. Sée préfère rattacher cette accélération du pouls à la série des lésions que détermine l'introduction de grandes quantités d'arsenic dans l'économie. Il peut même se faire que par suite d'une dégénérescence des parois du

cœur (et cela s'observe, comme nous le verrons plus loin,
dans les intoxications à marche lente), celui-ci se ralentisse,
et que la tension du sang vienne à baisser.

En résumé, contrairement à toute l'école qui admet les
qualités pyrétogènes de l'arsenic, nous croyons que ce
médicament a peu d'action sur la circulation générale, et
que ce n'est qu'exceptionnellement qu'il est capable de
déterminer l'accélération du pouls. L'arsenic peut même
dans certains cas (dégénérescence des parois) déterminer
un ralentissement du cœur.

4° Action sur l'innervation. — Nous avons déjà dit que
l'arsenic n'intéressait pas l'excitabilité des nerfs vaso-mo-
teurs ; il en est de même pour tous les nerfs, et chez les
animaux morts empoisonnés, nous avons constaté que
l'excitabilité électrique des nerfs et des muscles est intacte.

Le système nerveux central ne présente que fort peu de
troubles fonctionnels sous l'influence d'un traitement arsenical. On a bien signalé parfois de la céphalalgie, des vertiges, mais ces phénomènes sont la plupart du temps passa-
gers et ne se rencontrent que très-exceptionnellement. Dans
la majorité des cas, le système nerveux central fonctionne
régulièrement, et il nous paraît plausible de rattacher cette
intégrité des centres nerveux à la régularité avec laquelle
s'effectue la circulation chez les arséniqués.

Dans les empoisonnements, il n'en est plus de même ; à
la suite de l'administration d'une dose toxique on observe
des convulsions, et chez les animaux, nous avons été à
même de les constater dans plusieurs circonstances, particulièrement chez deux lapins qui avaient pris, l'un 8 centigrammes d'arsenic en une seule dose, et l'autre 10 centigrammes pendant trois jours de suite.

Ces troubles du système nerveux se rattachent, sans aucun doute, à la propriété que possède l'arsenic de détruire à dose toxique les globules du sang, et de déterminer ainsi une olighémie. D'ailleurs, on signale chez la plupart des animaux ainsi empoisonnés, des hémorrhagies internes très-abondantes. Dans les empoisonnements lents, au contraire, on observe bien plutôt des phénomènes de paralysie. On sait déjà qu'on a accusé le traitement arsenical de produire fréquemment des paraplégies, et quelques auteurs ont aussi avancé que les arsenicophages y étaient sujets. Dans nos expériences, nous avons toujours vu qu'à la période terminale nos animaux avaient une marche chancelante. Quelques-uns même ont présenté des symptômes de paralysie incomplète des membres; mais il est difficile de savoir s'il faut les rattacher à un trouble fonctionnel des centres nerveux plutôt qu'à une altération des muscles eux-mêmes, car les animaux que nous observions présentaient en même temps un amaigrissement des plus intenses, et non-seulement leur tissu adipeux avait entièrement disparu, mais encore nous avons remarqué que les masses musculaires avaient diminué.

Cependant un fait qui vient à l'appui de l'opinion qui admet que les symptômes de paralysie doivent être attribués, dans quelques cas, à un trouble des fonctions de l'axe cérébro-spinal, c'est que dans l'observation que nous avons reproduite plus haut d'un empoisonnement par le vert de Schweinfürt, nous avons vu que le malade qui en fait le sujet avait présenté des symptômes de paralysie incomplète de la myotilité, sans qu'il y ait chez lui d'amaigrissement notable. Un autre fait vient encore à l'appui de ce que nous avançons, c'est que les animaux que nous avons empoisonnés ont toujours présenté une somnolence trèsaccusée. Il est donc rationnel de penser que dans l'intoxication lente, aussi bien que dans l'empoisonnement rapide, les centres nerveux sont intéressés, et il est permis, dans les deux cas, de rattacher les phénomènes observés à l'olighémie du cerveau et de la moelle.

Quelques auteurs ont signalé qu'au début de leur traitement, quelques individus avaient présenté des appétits vénériens plus violents, mais qu'à une époque plus éloignée, il arrivait souvent de constater un affaiblissement des fonctions de reproduction. Rayer même a admis que l'arsenic pouvait amener l'abolition complète du sens génital, et M. Charcot (1) rapporte deux cas dans lesquels il y eut un affaiblissement considérable du sens génésique, à la suite de l'usage prolongé des préparations arsenicales. Le fait a été controuvé par Devergie, et bien des observations parmi celles que l'on trouve dans la science, sont muettes à ce sujet. Ce ne doit donc être que dans de rares circonstances que ces faits d'anaphrodisie aient pu se montrer. On peut ajouter, d'ailleurs, qu'ils ne sont pas en désaccord avec les effets physiologiques observés.

Pour démontrer la réalité des accidents nerveux que nous avons signalés chez les animaux empoisonnés par l'arsenic, nous avons fait des expériences dont nous allons donner la relation.

Sur deux chiens que nous avons tués en leur injectant directement dans les veines des sels d'arsenic, nous avons observé des convulsions tétaniques généralisées, accompagnées d'un opistothonos très-accusé, et d'émission involontaire des urines. Chez l'un, auquel nous avions injecté 6 grammes d'arséniate de soude, la mort n'est survenue

______

(1) Charcot, *Sur l'anophrodisie produite par l'usage prolongé des préparations arsenicales* (*Bulletin de thérapeutique*, t. LXVI, p. 529).

que quarante-cinq minutes après l'injection. A cet état tétanique que nous venons de signaler, avaient succédé une agitation et une anxiété très-remarquables, puis la mort est survenue sans nouvelles convulsions.

Chez le second animal, nous avons injecté 1 gramme d'arsénite de potasse. La mort est survenue instantanément; l'animal avait seulement présenté avant de mourir une roideur de tous les membres et du tronc. Nous reproduisons, d'ailleurs, en quelques mots la relation de ces deux expériences, parce qu'elles nous paraissent intéressantes à plus d'un point de vue, et plus particulièrement parce qu'elles nous montrent une énorme différence entre l'intensité des sels d'arsenic à base de soude et des sels à base de potasse.

Exp. XIV. — Dans la veine crurale d'un chien, nous injectons 6 grammes d'arséniate de soude en solution. L'opération à peine terminée, l'animal est pris de convulsions tétaniques généralisées et d'émission involontaire des urines. Ces convulsions ne durèrent que quelques instants. L'animal revint complétement à lui.

Avant l'expérience, nous avons noté 120 pulsations et 12 respirations par minute, la température prise dans le rectum était de 39 degrés centigrades. Cinq minutes après l'injection, le pouls a baissé à 80 pulsations, la respiration se répète 24 fois par minute, et la température est à 38°,2.

La respiration est difficile, anxieuse, profonde et bruyante.

L'animal détaché de l'appareil ne peut se tenir sur les jambes, et se laisse retomber comme une masse inerte. Il pousse des cris plaintifs, fait de fréquents mouvements de déglutition et paraît en proie à un grand malaise. Aussitôt qu'on le touche, ses membres se contractent, et reviennent à leur état normal dès qu'on cesse de l'exciter.

Bientôt se montre une agitation très-vive, l'animal se roule sur le parquet; à plusieurs reprises il essaye de se lever, mais les membres postérieurs ne peuvent le porter, et il se laisse bientôt retomber sur le côté. Le thermomètre baisse à 37°,2. Les mu-

queuses sont complétement décolorées, et l'animal succombe 45 minutes après l'injection.

A partir de ce moment, le thermomètre remonte peu à peu, jusqu'à atteindre 39 degrés, et il reste alors stationnaire.

A l'autopsie, pratiquée immédiatement après la mort, nous avons
trouvé peu de lésions. Nulle part il n'y avait d'hémorrhagies, tous les
organes paraissaient sains, le cœur était en diastole et rempli de sang.

Un fait sur lequel nous voulons seulement attirer l'attention,
c'est que le sang est partout fluide, et qu'il y a absence presque
complète de caillots.

Vingt minutes après la mort, nous provoquons encore des mouvements dans les muscles, soit en appliquant directement l'électricité sur les fibres musculaires, soit en l'appliquant sur le nerf
sciatique préalablement mis à nu.

Exp. XV. — Chienne de moyenne taille. Avant l'expérience,
nous constatons 16 respirations et 120 pulsations par minute. Le
thermomètre introduit dans le rectum marque 37°,8.

On injecte 1 gramme d'arsénite de potasse dans la veine crurale.

Immédiatement après l'injection, se montre une roideur tétanique
de tous les membres, et un opistothonos très-prononcé. Émission
involontaire des urines.

L'animal succombe presque instantanément. Le thermomètre
remonte lentement à 39 degrés où il reste stationnaire.

L'excitabilité nerveuse et musculaire est conservée.

Autopsie. — Rien à noter dans les organes, il n'y a pas d'hémorrhagie. Le sang est partout noir et coagulé.

ÉLIMINATION DE L'ARSENIC.

Comme tous les poisons, comme toutes les matières
étrangères à l'organisme et inassimilables, l'arsenic introduit dans l'économie tend sans cesse à être rejeté au
dehors par les différentes voies de l'élimination, et au
moment même où cette élimination s'accomplit, se manifestent sur les différents organes qui y concourent, des

troubles physiologiques qui sont l'indice certain du passage du poison. L'arsenic ne s'élimine pas avec la même rapidité par les différentes voies qui lui sont ouvertes ; il arrive même qu'il séjourne parfois un temps plus ou moins long dans certains organes.

C'est ainsi qu'on a pu longtemps après l'empoisonnement retrouver des traces du poison dans le foie, les reins, les poumons, etc. D'après Orfila, on n'en retrouve plus dans les urines après trente ou trente-cinq jours ; d'après M. Chatin, cette élimination par les urines serait trois fois plus rapide chez le chien.

Les voies d'élimination de l'arsenic sont nombreuses, et nous aurons à examiner successivement les effets produits sur les différents organes qui sont les agents de cette élimination, c'est-à-dire sur la peau, les muqueuses et les glandes.

1° *Élimination de l'arsenic par la peau.* — L'élimination de l'arsenic par la peau est aujourd'hui parfaitement démontrée, et cette démonstration repose, d'une part, sur les recherches chimiques du poison, d'autre part, sur l'observation des modifications éprouvées par le système cutané sous l'influence de l'absorption de l'arsenic.

M. Chatin (1) a retrouvé de l'arsenic dans la sérosité d'un vésicatoire appliqué sur un individu soumis à un traitement arsenical, et ce résultat curieux peut avoir une certaine importance au point de vue du diagnostic d'un empoisonnement, dans le cas où il serait impossible de se procurer soit de l'urine, soit des matières fécales.

D'autre part, MM. Bergeron et Lemattre (2), analysant la

(1) Chatin, *Journal de chimie méd.*, juin 1847.
(2) Bergeron et Lemattre, *De l'élimination des poisons par la sueur* (*Arch. génér. de médecine*, 1864).

sueur de plusieurs malades atteints de psoriasis et traités à l'hôpital Saint-Louis par les préparations arsenicales, y ont trouvé, à l'aide de l'appareil de Marsh, des preuves incontestables de la présence de l'arsenic. Ces mêmes observateurs sont encore arrivés à ce résultat, c'est que les malades traités par l'arséniate de fer ou de soude éliminaient l'arsenic à l'état d'arséniate, et que les malades traités par l'arsénite de potasse l'éliminaient à l'état d'arsénite.

Mais en dehors de ces preuves directes, les manifestations cutanées observées chez ceux qui font usage de l'arsenic, suffiraient à elles seules pour démontrer d'une façon irréfutable le passage de cette substance par la peau.

Nous avons vu, en effet, que l'action topique ou locale de l'arsenic appliqué sur nos tissus, était une action irritante et même caustique. Or, ce sont précisément des phénomènes d'irritation pouvant aller jusqu'à l'inflammation, que nous aurons à observer sur la peau des gens soumis à l'arsenic.

Un des premiers effets observés, c'est une augmentation de la sueur, qui, toutefois, n'est pas constante, puis un prurit violent pouvant exister seul, ou accompagner diverses éruptions. Il peut se montrer sur toute la surface du corps, ou bien se localiser, et, dans ce dernier cas, ce sont les joues, le nez, les paupières, le cou, les épaules, les mains et les pieds qui en sont le plus souvent le siége. Sa durée n'est que passagère, surtout lorsqu'il n'accompagne pas les éruptions arsenicales. Observé depuis longtemps, il a été surtout signalé par Hahnemann, Christison, Orfila, Romberg et Hardy, qui le regardent comme un phénomène presque constant.

Mais les effets les plus importants à étudier, du côté de la peau, ce sont les éruptions dont elle est si souvent atteinte.

Nous avons déjà appris par l'étude de ce qui se passe chez les ouvriers qui manipulent l'arsenic, que l'application de cette substance sur la peau suffit pour déterminer l'apparition d'éruptions spéciales. M. Bazin a démontré cette action par l'expérience directe avec le vert de Scheele et l'iodure d'arsenic. A la suite de frictions faites deux fois par jour avec des pommades dans la composition desquelles entrait l'une ou l'autre de ces substances, il a vu la peau se recouvrir d'abord d'une rougeur érythémateuse, à la suite de laquelle se développaient bientôt un grand nombre de petites pustules à base rouge, enflammée, entourées d'une vive aréole et surmontées d'un point vésiculeux rempli d'un liquide purulent.

M. Bazin, s'appuyant sur ce que chacune de ces pustules est surmontée d'un poil, et que dans leur voisinage s'observent l'érection et l'inflammation des follicules pileux, considère ces follicules comme le siége anatomique des pustules arsenicales. La vésicule ne tarde pas à se rompre, et il se forme alors une petite ulcération qui se recouvre d'une croûte noirâtre. Continuant son expérience, M. Bazin a saupoudré les ulcérations de poussière arsenicale, et il les a vues s'étendre et s'entourer d'un cercle dur, tout à fait comparable à celui du chancre induré.

Cette éruption pustuleuse produite artificiellement par M. Bazin, présente la plus grande analogie avec certaines éruptions que nous avons signalées chez les ouvriers arsenicaux ; mais chez ces derniers, ce n'est pas seulement dans l'action locale des poussières arsenicales qu'il faut rechercher la cause de tous leurs accidents cutanés ; il en est un certain nombre ayant pour siége des surfaces inaccessibles aux poussières, et qui doivent être évidemment rattachées à l'absorption interne de l'arsenic, et à son élimination par

la peau. Ce sont celles-là qui se montrent aussi chez les
personnes qui font exclusivement usage de l'arsenic à l'intérieur. Elles ont été plus particulièrement étudiées par
Frank, Christison, Fowler, Gendrin, Orfila, Gibert, Kellie,
et Imbert-Gourbeyre, qui en a fait l'occasion d'un mémoire
spécial. Mais tous ces observateurs ont à tort, selon nous,
mélangé dans leurs descriptions ce qui appartient à l'action
des poussières arsenicales déposées directement sur la peau,
et les phénomènes qui sont réellement dus à l'élimination
de l'arsenic. C'est ainsi que dans son mémoire (1) M. Imbert-
Gourbeyre étudiant les éruptions arsenicales, en a décrit
de *pétéchiales*, d'*ecchymotiques*, de *papuleuses*, de *vésiculeuses*, d'*ortiées*, d'*érysipélateuses*, de *pustuleuses*, d'*ulcéreuses*, et a enfin signalé la gangrène des parties génitales.

L'élimination simple ne produit jamais de tels accidents,
qui, dans ce dernier cas, se bornent le plus ordinairement
au prurit, à l'érythème, à l'eczéma, quelquefois à des pustules, rarement à des squames, et le plus souvent à des
taches brunes, ineffaçables, paraissant spéciales à l'arsenic,
et qui ont été signalées pour la première fois par M. Devergie.

Deux observations de taches arsenicales viennent de
nous être communiquées par notre collègue et ami M. Boucher, interne à l'hôpital Saint-Louis, et nous croyons utile
d'en donner un résumé.

Un jeune garçon de dix-sept ans entra dans le service de
M. Hardy, pour un psoriasis inveterata occupant spécialement les jambes et les cuisses. Il prit par jour une cuillerée
à bouche d'une solution de 10 centigrammes d'arséniate de
soude dans 300 grammes d'eau distillée pendant près de

(1) Imbert-Gourbeyre, *Éruptions arsenicales* (*Moniteur des hôpitaux,*
1857).

deux mois. Au bout de ce temps, les plaques rouges qui primitivement étaient couvertes de squames, furent remplacées par des taches grisâtres ressemblant un peu à de larges éphélides.

Pareille chose fut observée chez une femme qui, pour un psoriasis, suivit le même traitement dans le service de M. Hardy, pendant quarante jours environ.

Ces taches brunes ne s'observent jamais chez les malades qui ne prennent pas d'arsenic; et si on les rencontre de préférence dans le psoriasis, c'est, sans contredit, parce que dans cette affection la médication arsenicale est continuée ordinairement très-longtemps.

Un fait assez curieux, c'est que ces taches auraient une grande tendance à se développer de préférence à la place occupée auparavant par les plaques de psoriasis.

Il arrive souvent aussi que la peau prend une apparence bistrée, et devient très-fréquemment le siége de furoncles, d'anthrax, qui prouvent que le derme est attaqué dans toute sa profondeur, et que ces manifestations doivent être évidemment rattachées au passage de l'arsenic de dedans en dehors.

Dans nos expériences sur les chiens que nous avons soumis à l'ingestion de l'acide arsénieux, nous avons observé diverses manifestations cutanées que nous avons pu aussi rattacher à l'élimination de l'arsenic. Celles-ci consistent d'abord en des éruptions érythémateuses localisées au niveau des articulations, et principalement à leur côté externe; on en observe également dans la profondeur des plis des sillons cutanés, autour des oreilles, ainsi que sur les parties soulevées par des os saillants, telles que les régions iliaques, etc. Au niveau de ces éruptions, et dans leur voisinage, les poils sont tombés et ont ainsi mis à nu des surfaces d'un rouge vif, recouvertes de quelques squames épithéliales, et présentant toujours une sécheresse évidente. Ce n'est que sur la paroi abdominale, autour des mamelles chez les chiennes, que nous avons noté quelques vésicules et même quelques pustules, qui se recouvraient de croûtes noirâtres ; mais nous n'avons pas signalé de ces ulcérations profondes telles qu'on en observe, quand elles sont dues à l'action d'une application directe de l'arsenic sur la surface cutanée.

L'arsenic, en s'éliminant par la peau, détermine donc d'une manière incontestable des modifications du côté de cet organe et dans ses fonctions ; c'est cette action que l'on a mise à profit dans le traitement des maladies cutanées par les préparations arsenicales.

2° *Élimination de l'arsenic par les muqueuses.* — Il n'est assurément pas facile de démontrer par la chimie l'élimination de l'arsenic par les muqueuses ; mais lorsque l'on voit se produire sur celles-ci des actions éliminatrices analogues à celles qui s'exercent sur d'autres tissus, on peut être en droit de l'admettre. Or, peu de muqueuses échappent aux effets de cette élimination, depuis les muqueuses conjonctivale, pituitaire, laryngée, buccale, intestinale, jusqu'aux muqueuses bronchique et pulmonaire.

Du côté des conjonctives, l'élimination de l'arsenic se traduit par une très-vive injection de la muqueuse, pouvant aller jusqu'à l'inflammation. Cette conjonctivite arsenicale, que l'on a regardée comme l'un des premiers signes de l'intolérance, a été observée depuis longtemps déjà par Gendrin, Orfila, Christison, Pereira (1), Romberg (2), et

(1) Pereira, *Éléments de matière médicale*, 1839.
(2) Romberg, *Klinische Ergebnisse*, 1846.

c'est un des accidents les plus fréquents de l'administration
de l'arsenic. Nos chiens la présentèrent tous à un degré
différent, et sur l'un d'eux elle fut assez intense pour déterminer de la photophobie, un chémosis très-prononcé
recouvrant une partie de la pupille, et un larmoiement
très-abondant, reconnaissant pour cause, soit une extension
de l'inflammation conjonctivale à la glande lacrymale, soit
plutôt une action directe de l'arsenic sur cette glande qui
contribuerait ainsi pour sa part à l'élimination du poison.
Les autres chiens ne présentèrent ni photophobie, ni larmoiement, ni chémosis, mais l'inflammation de la conjonctive était accompagnée chez eux d'un écoulement purulent
très-abondant.

Du côté de la muqueuse pituitaire, on observe les mêmes
symptômes d'inflammation, se traduisant par un coryza
plus ou moins intense, qui n'est que l'avant-coureur des
lésions plus profondes, telles que ulcérations, croûtes, etc.,
que nous avons déjà signalées plus haut. Orfila et Girbal (1)
ont également noté comme un symptôme fréquent des
épistaxis abondantes qui, nous le savons aujourd'hui,
doivent être rattachées à l'action directe de l'arsenic sur
les globules sanguins.

La muqueuse buccale est aussi le siége d'une inflammation qui a été décrite par presque tous les auteurs. Cette
stomatite peut être généralisée, et alors elle s'accompagne
d'une salivation abondante et d'un ptyalisme fréquent ;
mais le plus souvent elle commence par se localiser sur la
muqueuse gingivale. Les gencives deviennent alors rouges,
saignantes, et répandent une odeur tout à fait comparable
à celle de la gingivite mercurielle. Outre l'inflammation,

(1) Girbal, *Gazette médicale*, 1852.

apparaît aussi sur le bord libre des gencives un petit liséré blanchâtre, analogue au liséré saturnin, et tenant comme ce dernier au dépôt du poison lui-même. Ce n'est pas seulement chez les ouvriers qui respirent l'arsenic qu'on observe ce liséré, mais encore chez les individus soumis à un traitement interne, et il faut admettre alors que le dépôt de l'arsenic a été fait par la salive dans laquelle, on le sait, les analyses chimiques ont pu révéler d'une manière certaine la présence du poison.

Il suffit des plus faibles doses pour produire la gingivite arsenicale. Trois de nos chiens la présentèrent dès les premiers jours et à un haut degré, alors qu'ils ne prenaient encore le premier que 1 milligramme, le deuxième 2 milligrammes, et le troisième 3 milligrammes d'arsenic; chez ce dernier elle fut tellement intense, que la mastication était devenue impossible.

La muqueuse pharyngée se comporte comme la muqueuse buccale, et de même que cette dernière, elle devient le siége d'une inflammation spéciale, d'une angine arsenicale. Cette action a d'ailleurs été utilisée dans le traitement des angines pharyngées herpétiques.

La muqueuse intestinale élimine aussi l'arsenic, et l'on en trouve la preuve directe dans l'analyse chimique des fèces qui contiennent toujours une grande quantité de ce poison dont la présence est encore accusée par la coloration jaunâtre, et par l'odeur fétide et pour ainsi dire caractéristique que prennent les matières fécales des individus qui absorbent de l'arsenic.

Du côté de la muqueuse respiratoire, il est plus difficile de juger cette action éliminatrice ; cependant l'apparition de laryngites et de bronchites survenant assez fréquemment, ne laisse guère de doutes à cet égard. Dioscoride en a tiré des indications pour le traitement des aphonies et des maladies du larynx, et ce traitement a été repris dernièrement par Trousseau, qui employait dans ces circonstances les cigarettes arsenicales. Toutefois la bronchite arsenicale est rare, et ne se montre le plus souvent que lorsqu'on dépasse la dose thérapeutique. C'est de cette façon que nous avons pu l'observer chez un de nos chiens, à la dernière période de l'intoxication.

3° *Élimination de l'arsenic par les glandes.* — Nous avons déjà vu que l'on avait retrouvé de l'arsenic dans la salive et dans les larmes ; nous ne reviendrons pas sur ce sujet ; nous ne voulons pas non plus passer en revue toutes les glandes de l'économie ; nous nous bornerons dans ce paragraphe à l'étude de l'élimination de l'arsenic par les deux glandes les plus importantes, le foie, et surtout les reins.

1° *Foie.* — Le foie est pour ainsi dire le lieu d'élection de tous les poisons introduits dans le tube digestif, et qui sont absorbés. Il en élimine une notable proportion, et cela est démontré notamment pour l'arsenic, que tous les observateurs ont retrouvé en grande quantité dans la bile.

Mais lorsque les doses ingérées sont trop considérables, le foie, ne pouvant pour ainsi dire suffire à l'élimination, *emmagasine* dans son parenchyme l'excédant du poison, qui alors pourra n'être rejeté au dehors que longtemps après son introduction dans l'économie.

Deux effets peuvent résulter de cet *emmagasinage*. D'une part, le tissu hépatique ne subit pas toujours sans danger le contact d'une substance étrangère, surtout lorsque celle-ci possède des propriétés toxiques, et il peut devenir alors le siége de lésions que nous étudierons plus tard lorsque nous nous occuperons de l'anatomie pathologique. D'autre part, si l'on suppose que le poison amassé dans le foie soit tout à coup repris en grande quantité par l'absorption générale, il en résultera des symptômes d'empoisonnement parfois assez violents pour déterminer la mort. Cela nous donne la clef des accidents graves qui se sont maintes fois manifestés dans le cours d'un traitement arsenical long-temps continué, quoiqu'à petites doses.

C'est qu'en effet toutes ces petites doses successives se sont tour à tour accumulées dans le foie qui leur servait pour ainsi dire d'entrepôt, et qu'à un moment donné, elles ont été reprises en masse par l'absorption générale, avant que le foie ait pu les éliminer.

2° *Reins*. — La sécrétion urinaire constitue assurément l'émonctoire par excellence de toutes les substances étran-gères à l'économie, qui trouvent là une voie rapide d'éli-mination. Celle-ci est en effet si prompte, que pour les substances facilement absorbables et diffusibles, elle suit de très-près l'absorption. Au bout de quelques secondes, on a retrouvé dans les urines des poisons qui avaient été in-jectés directement dans les veines.

L'arsenic, comme les autres poisons, s'élimine par les reins, et sa présence a été facilement constatée dans les urines par les analyses chimiques.

Mais ce n'est pas impunément que la substance rénale se laisse ainsi traverser par les agents toxiques, et nous allons étudier ici les effets produits sur la fonction urinaire par le contact de l'arsenic avec cette glande.

A petite dose, l'arsenic, en produisant une légère hypéré-mie de la substance rénale, amène une augmentation de la sécrétion urinaire; ce fait incontestable est admis aujourd'hui par tous les observateurs. Mais à haute dose, ou lorsque la dose thérapeutique est trop longtemps continuée, il n'en est plus ainsi, et la congestion dépassant les limites d'une hypérémie simple, la fonction urinaire se trouve troublée, diminuée, et parfois même suspendue complétement. C'est dans ces cas-là que les reins ont pu devenir le siége d'hémorrhagies que l'on peut attribuer à la fois à l'altération du sang et à l'altération de l'organe devenu plus mou, plus friable.

Mais là ne se bornent pas les accidents que l'on a observés du côté de la fonction urinaire.

Il existe toute une classe d'albuminuries résultant de l'introduction dans l'organisme de certaines substances toxiques, et désignées pour cette raison sous le nom d'albuminuries toxiques. Bright lui-même avait été depuis longtemps frappé de cette influence exercée par certains agents sur la sécrétion urinaire, et depuis, la question a été reprise par de nombreux observateurs. Aujourd'hui cette action est parfaitement démontrée pour un certain nombre de poisons, tels que les cantharides, l'alcool, le mercure, le phosphore, l'iode, l'ammoniaque, l'arsenic, et enfin les préparations saturnines, sur lesquelles notre excellent ami le Dr Ollivier a particulièrement attiré l'attention (1) dans un travail très-intéressant.

Les observateurs sont parfaitement d'accord sur le fait en lui-même, mais l'accord cesse dès qu'il s'agit de l'expliquer et de l'interpréter, de donner, en un mot, les conditions pathogéniques de l'albuminurie. Des discussions

____

(1) Ollivier, *Essai sur les albuminuries produites par l'élimination des substances toxiques.* Thèse de Paris, 1863.

sans nombre ont été soulevées par ce sujet, et sont malheureusement restées stériles quant aux résultats.

Quoi qu'il en soit, deux opinions ont cours dans la science pour expliquer le mode d'action des agents toxiques dans la production de l'albuminurie. Les uns avec Bright, Elliotson, Graves, Jaccoud, la considèrent comme le résultat de l'altération du sang, de la cachexie produite par le poison, et en ont fait, en un mot, une albuminurie cachectique. Les autres (Ollivier) expliquent la présence de l'albumine dans les urines par une altération plus ou moins profonde des reins, produite elle-même par l'action directe de l'agent toxique sur le parenchyme rénal.

Quelques faits militent en faveur de la première opinion; l'un des plus concluants est celui d'Overbeck, qui, après avoir constaté la présence du mercure et de l'albumine dans les urines d'une jeune fille atteinte d'hydrargyrisme, administra l'iodure de potassium, et quelques jours après, put observer une absence complète de l'albumine, malgré cependant que la quantité du mercure éliminé ait augmenté. Évidemment là on ne peut pas invoquer l'action irritante du poison, et l'on est bien obligé d'admettre l'influence de l'état général, sur la production de l'albuminurie.

Mais il n'en est pas toujours ainsi, et malgré toute la valeur de ce fait signalé par Overbeck, il faut bien admettre que, dans la majorité des cas, l'albuminurie est produite par la lésion rénale. Comment expliquer sans cela ces albuminuries produites dans des empoisonnements si rapides, que la cachexie n'a certainement pas eu le temps de se produire? Et d'ailleurs, les lésions cadavériques presque constantes que l'on a observées dans les reins à la suite de ces empoisonnements, ne viennent-elles pas à l'appui de cette opinion? Chez une malade qui s'était empoisonnée par le sublimé corrosif, et dont nous publions plus loin l'observation, est-il possible de ne pas admettre que l'albuminurie, de même que l'urémie, étaient sous la dépendance de l'altération profonde des reins, et non d'une cachexie qui n'existait pas?

Pour nous donc, s'il est vrai que dans certains cas d'empoisonnement lent, on a pu attribuer avec raison l'albuminurie à l'état cachectique du malade, nous admettons avec M. Ollivier, que bien plus souvent, c'est dans la lésion des reins qu'il faut en rechercher la cause prochaine.

LÉSIONS ANATOMIQUES.

Nous avons cru devoir réserver pour un chapitre spécial l'étude des lésions que l'on rencontre chez les sujets ayant succombé à la suite de l'intoxication par l'arsenic, que celle-ci soit lente ou rapide, parce qu'il nous a été donné d'observer, dans les autopsies que nous avons pratiquées sur nos animaux, des lésions qui n'avaient été signalées jusqu'ici que très-imparfaitement, et qu'il nous semble que les lésions anatomiques produites par l'arsenic n'ont pas été décrites avec tout le soin qu'elles méritent.

Nous allons donc passer successivement en revue toutes les lésions qu'on a signalées jusqu'à ce jour, et nous tracerons surtout ce tableau avec les documents que nous fournissent nos expériences.

Tous les observateurs ont avancé que l'usage de l'arsenic déterminait constamment une inflammation du tube digestif; pour quelques-uns surtout, ces effets étaient très-nets, et ils admettaient que ce médicament finissait toujours par

produire une gastro-entérite. Ils rattachaient alors les phénomènes observés, tels que sentiment d'ardeur à la gorge,
le long de l'œsophage et à la région épigastrique, nausées,
vomissements, anorexie, coliques, diarrhée, à cette irritation du tube digestif. Ils s'appuyaient sur ce que dans les
empoisonnements rapides on observait à l'autopsie ces
lésions à un haut degré, et ils admettaient, de par l'analogie des symptômes, les mêmes lésions, lorsque l'arsenic
administré à petites doses déterminait des signes d'intolérance. Il y a là, suivant nous, une confusion : car il nous
a été donné d'observer sur les animaux auxquels nous
avons administré chaque jour des doses légères d'arsenic,
qu'il n'existait du côté de l'œsophage, de l'estomac, des
intestins, aucun symptôme d'irritation.

Il n'est pas étonnant que lorsqu'il a été ingéré des doses
considérables d'arsenic, on puisse constater des lésions
inflammatoires dans les organes, quand on se rappelle
que l'arsenic appliqué sur les tissus détermine toujours
des symptômes d'inflammation, et parfois même de mortification. Mais l'analogie que les observateurs avaient
cru devoir admettre entre ce qui se passe lorsqu'il y a
administration de doses toxiques, et ce que l'on observe
chez les sujets qui prennent l'arsenic à doses fractionnées,
n'est pas vérifiée par l'expérience. Chez nos animaux qui
prenaient tous les jours des doses variant de quelques milligrammes à 20 centigrammes, nous n'avons jamais trouvé
de pareilles lésions ; le tube digestif était intact chez les
animaux que nous avons sacrifiés dans le cours de l'expérience, et il ne nous a été donné de rencontrer des lésions
du tube digestif que dans un seul cas, sur une chienne
ayant succombé à la suite de l'intoxication lente par l'arsenic (voyez plus haut l'observation), et encore ces lésions

étaient-elles bornées au gros intestin. Les parois intesti-
nales étaient rouges, injectées, comme phlogosées ; dans
le côlon, on retrouvait également une masse considérable,
longue de 35 centimètres, remplissant complétement le
calibre de l'intestin, et constituée par un caillot fibrineux à
couches concentriques, dont le centre était mou et diffluent.

Sur les lapins, nous avons fait la même observation.
Nous avons également constaté sur un de ces animaux,
auquel nous avons administré une dose toxique d'arsenic,
des ecchymoses et des hémorrhagies tout le long du tube
intestinal, depuis l'estomac jusqu'au rectum. Ces faits
viennent donc à l'appui de l'opinion que nous avons émise,
que ce n'est que dans les intoxications rapides que l'on
constate des lésions graves du côté du tube digestif. Dans
les intoxications lentes, ce n'est qu'exceptionnellement, et
à la période terminale seulement, que se font ces modifications importantes dans le canal intestinal, et la plupart du
temps consistent-elles seulement en des extravasations sanguines siégeant dans le gros intestin.

Ces hémorrhagies dont nous venons de citer des exemples ont été signalées de tout temps ; c'est ainsi, comme
nous l'avons vu, que MM. Orfila, Girbal, etc., ont signalé
des épistaxis à la suite d'un traitement arsenical.

L'action que possède l'arsenic sur les globules du sang
qu'il prive de la faculté de se régénérer au contact de
l'oxygène, doit évidemment finir par déterminer la destruction de ces globules. Des symptômes d'une anémie profonde sont en effet observés dans les derniers moments de
la vie, chez les animaux qui viennent à succomber aux progrès d'une intoxication lente, et, comme nous l'avons vu,
bien des phénomènes nerveux doivent être rattachés à cette
aglobulie générale.

Quant aux effets de l'arsenic sur la nutrition, s'ils doivent être considérés comme salutaires lorsque ce médicament est administré à petites doses, puisqu'il empêche la dénutrition, il n'en est plus de même lorsque son usage est prolongé outre mesure, et alors on observe des phénomènes inverses à ceux que l'on constatait au début. En effet, si de faibles doses d'arsenic paraissent tout d'abord augmenter l'embonpoint, plus tard c'est de l'amaigrissement que l'on constate. Chez ceux de nos animaux qui ont succombé aux progrès de leur intoxication lente, nous avons toujours constaté la disparition complète du tissu cellulaire adipeux, et même une atrophie incomplète des muscles. Dans les muscles de la vie animale, nous n'avons pas constaté de lésions bien caractérisées, mais dans le cœur il nous a été donné de rencontrer parfois des altérations qui rappellent la dégénérescence graisseuse.

Du côté des poumons, nous avons signalé deux fois l'emphysème, et dans un autre cas, nous avons rencontré une dilatation des bronches; mais il nous faut ajouter que chez cet animal, il existait également une pneumonie au troisième degré, occupant tout le lobe inférieur du poumon droit.

Chez un lapin, dans un cas d'intoxication rapide, nous avons encore signalé des ecchymoses pulmonaires.

Le cerveau ne nous a pas présenté de lésions bien profondes, mais il a toujours été pâle, presque exsangue, chez les animaux qui ont succombé à l'empoisonnement lent.

Il nous reste maintenant à examiner les lésions du côté du foie et des reins, et c'est là, disons-le tout de suite, que nous avons rencontré les lésions les plus profondes.

Dans ces deux organes, à l'œil nu même, il nous a été permis de reconnaître une dégénérescence graisseuse. Chez une chienne, celle qui fait le sujet de l'observation XIII, nous avons également signalé une destruction presque complète des cellules hépatiques, aussi existait-il chez elle un ictère très-prononcé.

STÉATOSE ARSÉNICALE.

Déjà en 1789, Brera avait signalé la dégénérescence graisseuse des organes à la suite de l'empoisonnement par le phosphore. Plus tard, Orfila, en faisant l'autopsie de l'assassin Soufflard, qui s'était empoisonné dans sa prison avec une forte dose d'arsenic, fut frappé de l'état gras de son foie. Néanmoins, si la dégénérescence graisseuse est connue depuis longtemps, l'étude de la stéatose, et surtout de la stéatose toxique, ne date que de ces dernières années.

La stéatose phosphorée, notamment, n'a été bien décrite pour la première fois qu'en 1860, par Von Hauff, qui fut suivi dans cette voie par Koch, Lewin (1861), Rokitansky (1862), Wunderlich, en Allemagne. En France, nous devons signaler surtout les travaux de MM. Lancereaux (1), Fritz, Ranvier et Verliac (2), Blachez (3). Aujourd'hui la stéatose toxique est parfaitement établie, et les substances actuellement connues qui jouissent de cette propriété stéatogène sont le phosphore, l'antimoine, l'arsenic, les acides

(1) Lancereaux, *Mémoires de la Société de biologie*, 1863.
(2) Fritz, Ranvier et Verliac, *De la stéatose dans l'empoisonnement par le phosphore* (*Archives génér. de médecine*, 1863). Ranvier, *Action du phosphore sur les tissus vivants* (*Mémoires de la Société de biologie*, 1866). Ranvier, *De l'altération des reins dans l'empoisonnement aigu par le phosphore* (*Journal d'anat. et physiol.*, 1867).
(3) Blachez, *Stéatose*. Thèse agrég., 1866.

sulfurique, nitrique, oxalique, tartrique, l'alcool, l'éther,
le chloroforme, le plomb. Quoique le mercure ne figure pas
dans les travaux français parmi les poisons stéatogènes,
nous pouvons cependant l'y ranger, car nous publierons à
la fin de ce paragraphe un très-bel exemple de stéatose
généralisée du foie et des reins, produite par un empoisonnement aigu avec du sublimé corrosif.

La stéatose arsenicale a été surtout étudiée par un médecin russe, Saikowski (1), sur des lapins qu'il empoison-
nait à l'aide de l'acide arsénique, ou de l'acide arsénieux.

Nous avons vu dans nos expériences que la stéatose
s'était rencontrée constamment. Elle se produisait même
très-rapidement, puisque sur un de nos lapins (voy. exp. X),
empoisonné par 8 centigrammes d'acide arsénieux, elle
existait au bout de vingt-quatre heures.

Nos trois chiens qui furent soumis à une intoxication
lente, la présentèrent tous à un degré différent, et chez eux
la stéatose n'envahit pas seulement le foie, mais encore
les reins.

Ces faits suffiraient donc pour démontrer, s'il en était
encore besoin, la possibilité de produire la stéatose de différents organes à l'aide de certaines substances. Mais là n'est
pas la difficulté ; elle apparaît lorsqu'il s'agit d'interpréter
les conditions pathogéniques de cette altération.

Bien des opinions ont été émises, bien des discussions se
sont élevées sur cette question de savoir d'où venait la graisse
qui infiltre les éléments histologiques. Est-elle apportée ou
déposée dans les cellules par le sang dans lequel elle exis-
terait toute formée? ou bien, sous l'influence de certaines
conditions physiologiques, se produit-il une transformation

(1) Saikowski, *Central Blatt*, 1865.

LOLLIOT.   6

des substances protéiques? Des faits assez singuliers viennent à l'appui de cette dernière opinion.

Michaëlis (de Prague), après avoir laissé pendant quelque temps des morceaux de viande dans le péritoine des chiens, retrouve ces morceaux complétement convertis en graisse (Blachez, *loc. cit.*).

Wagner a placé des testicules, des cristallins, des morceaux d'intestin de grenouille, des caillots sanguins, des muscles, des fragments d'albumine coagulée, etc., dans la cavité abdominale d'animaux vivants. Au bout d'un certain temps, les corps étrangers provoquent un travail d'exsudation et s'enkystent; plus tard, ils se convertiront en graisse. Il faut bien admettre qu'il y a eu là une véritable métamorphose, puisque des organes qui présentaient à l'état normal 3 pour 100 de graisse, en offraient alors 15 et jusqu'à 40 pour 100 (Blachez, *loc. cit.*).

Lewin (1) a émis, à propos de la stéatose phosphorée, une théorie qui n'est guère plausible. Il admet que le phosphore, introduit dans les voies digestives, supprime complétement l'absorption des graisses par les chylifères qui seraient alors suppléés par les veines. La veine porte, recevant de celles-ci la graisse toute formée, la déposerait à son tour dans les cellules hépatiques. Cette théorie est assez ingénieuse, mais comment expliquer par elle la stéatose des reins, du cœur et des autres organes qui ne reçoivent pas de sang de la veine porte?

Munk et Leyden (2) admettent que ces stéatoses toxiques sont dues à une destruction des globules rouges du sang. Le fait sur lequel s'appuient ces observateurs est vrai

---

(1) Lewin, *Études sur l'empoisonnement par le phosphore* (*Arch. de Virchow*, 1864, 2e série, t. I).
(2) Munk et Leyden, *Die aerzte Phosphorvergiftung*, 1865.

par lui-même; plusieurs substances toxiques ont la propriété de détruire les globules sanguins; nous avons vu que l'arsenic la possédait. Mais cette destruction n'est jamais assez considérable pour expliquer les transformations graisseuses qui s'observent sur un aussi grand nombre d'organes.

M. Sée cherche dans l'altération du globule lui-même la cause de ces stéatoses. Nous avons étudié plus haut quelle altération du sang on observait chez les arséniqués, et nous avons admis que dans les globules, l'arsenic (et cela serait également vrai pour l'antimoine, le phosphore, etc.) prend la place de l'oxygène. Par suite de cette substitution, les globules deviennent impropres à entretenir les oxydations, leurs propriétés vitales sont, pour ainsi dire, anéanties, et ne fournissant plus aux organes des éléments capables d'entretenir leur nutrition, ceux-ci subiront une métamorphose régressive et dégénéreront en graisse. Cette théorie nous semble très-admissible, et cadre parfaitement, d'ailleurs, avec les idées que nous avons admises touchant l'action de l'arsenic sur le sang.

La stéatose, une fois produite, peut envahir un grand nombre d'organes; on l'observe le plus souvent sur le foie, les reins, tout le système musculaire et principalement le cœur.

La stéatose du foie est de beaucoup la plus fréquente. Tantôt elle est partielle et limitée à une petite étendue, comme dans le foie d'un de nos lapins (voy. exp. X). Cela s'observe surtout dans les empoisonnements très-rapides. D'autres fois elle est généralisée, et nous en rapportons un exemple plus bas.

On a dit que les granulations graisseuses ne se déposaient que dans les cellules hépatiques et jamais dans le tissu conjonctif intercellulaire. Cependant le foie du chien qui fait l'objet de l'expérience **XIII**, nous fournit un exemple remarquable du contraire ; et l'on ne pourra pas objecter que cette graisse existant dans le tissu conjonctif intercellulaire y a été déposée par suite de la rupture, de la déchirure des cellules hépatiques, car la préparation a été soumise pendant une demi-heure à un filet d'eau assez fort pour entraîner cette graisse, si elle avait existé à l'état libre, au lieu d'être une transformation stéatosique du tissu connectif lui-même.

Mais les altérations du foie ne se bornent pas à une infiltration graisseuse, il y a en même temps disparition, destruction d'un certain nombre de cellules hépatiques, comme nous l'avons relaté dans presque toutes les autopsies de nos animaux ; enfin nous avons noté aussi que la matière colorante du sang s'était infiltrée dans le parenchyme hépatique, de manière à lui donner une coloration rosée. On se rappelle aussi que sur deux chiens le sang était coagulé dans les ramifications de la veine porte (voy. exp. **XII** et **XIII**).

Frerichs, dans ses analyses, a constaté dans les foies stéatosés l'absence de matière glycogène ; de là l'impossibilité de rendre diabétiques, par la piqûre du quatrième ventricule, des animaux dont le foie a été stéatosé par l'usage de l'arsenic. Le fait a été démontré par Saikowski.

Nous avons déjà vu que l'arsenic, en s'éliminant par les urines, commençait par produire une légère hypérémie de l'organe, se traduisant, au début, par une augmentation de la sécrétion urinaire ; mais qu'à dose plus élevée, cette hypérémie pouvait aller jusqu'à l'inflammation, et produire alors les lésions de la maladie de Bright, en même temps que l'on retrouvait de l'albumine dans les urines (albuminurie toxique). Mais outre cette action produite par le contact même de l'arsenic avec le parenchyme rénal au moment de son élimination, il est une autre lésion des reins qui se trouve sous la dépendance de l'empoisonnement général et des troubles apportés dans la nutrition par l'agent toxique. Cette lésion n'est autre chose qu'une dégénérescence graisseuse en tout comparable à celle que nous venons d'étudier sur le foie. Elle serait pour ainsi dire constante, car nous l'avons observée chez nos trois chiens soumis à l'intoxication arsénicale. La dégénérescence porte à la fois sur la substance corticale et sur la substance médullaire. Les éléments des tubes et des glomérules subissent cette transformation graisseuse qui peut être parfois considérable, comme chez nos trois chiens, par exemple (voy. exp. XI, XII et XIII). Le contenu des tubes présente aussi une transformation graisseuse plus ou moins complète.

Les cellules épithéliales subissent elles-mêmes une destruction partielle (voy. planche, fig. 4); celles qui résistent à la destruction deviennent opaques et graisseuses, et se soudent entre elles par l'interposition d'un exsudat de nature probablement protéique.

Toutes ces lésions peuvent exister à différents degrés ; chez nos chiens, elles étaient très-prononcées et généralisées. La stéatose peut même aller jusqu'à la destruction complète du parenchyme qui ne forme plus, par points, qu'une sorte de détritus graisseux, dans lequel il est impossible de reconnaître les éléments glandulaires. Ce degré si avancé de la stéatose est fort rare, et doit, on le comprend, entraîner avec lui l'abolition presque complète de la fonction rénale.

Si le foie et les reins sont les deux glandes qui semblent être le lieu d'élection de la stéatose, d'autres organes cependant peuvent en être atteints, et plus particulièrement les muscles et le cœur. Quoique nous ayons trouvé chez nos chiens un état granuleux de la fibre musculaire, cette altération était trop peu avancée pour que nous ayons pu admettre qu'il y ait eu là réellement dégénérescence grais-seuse; mais d'autres observateurs l'ont notée comme assez fréquente dans l'empoisonnement phosphoré, dans un très-grand nombre d'observations, relatant que, dans ces cas, le cœur était mou et flasque. La stéatose des muscles nous paraîtrait donc moins fréquente dans l'empoisonnement arsenical que dans l'empoisonnement phosphoré, et ne se montrerait d'ailleurs que dans l'état avancé de la stéatose.

Avant de terminer l'histoire de la stéatose arsenicale, nous croyons utile de reproduire ici un exemple très-remarquable qu'il nous a été donné d'observer tout récemment, d'une stéatose généralisée du foie et des reins, à la suite d'un empoisonnement par le sublimé corrosif, et où les altérations graisseuses des reins furent si profondes, qu'il en résulta une suppression complète de la sécrétion urinaire, et des accidents urémiques qui emportèrent la malade.

OBSERVATION. — *Empoisonnement par le sublimé corrosif.* — *Stéatose généralisée du foie et des reins.* — *Accidents urémiques.* — *Mort.*

Une femme de chambre, âgée de vingt-six ans, enceinte de trois mois, résolut, à la suite d'une querelle avec son amant, de mettre fin à ses jours. Elle avala, à cet effet, une solution de sublimé corrosif contenant la dose de six bains. Elle aurait donc pris au moins une soixantaine de grammes de poison. Presque immédiatement après, elle éprouva une violente douleur épigastrique, et fut prise de vomissements abondants qui se répétèrent cent cinquante à deux cents fois, et mélangés d'un peu de sang.

Le lendemain matin, 26 mai, on apportait la malade à l'hôpital

Lariboisière, où elle fut couchée au numéro 29 de la salle Sainte-Joséphine, service de M. Xavier Richard.

Au moment de son entrée, la malade se plaint de douleurs vives au creux de l'estomac, avec sentiment de cuisson et de brûlure tout le long de l'œsophage. Les vomissements ne sont pas arrêtés, ceux que nous voyons sont bilieux, verdâtres. Elle se plaint également de coliques, mais il n'y a pas de diarrhée.

Depuis la veille, la malade n'a pas uriné ; cependant la vessie n'est pas distendue, et en pratiquant le cathétérisme, nous ne retirons pas une goutte d'urine.

Le facies est altéré, les traits sont tirés et les yeux caves.

Céphalalgie légère, pouls petit, dur, à 90 pulsations.

La langue est épaisse, blanche, il y a expuition presque continuelle de crachats grisâtres, l'haleine est fétide.

En examinant la cavité buccale, nous trouvons la muqueuse gangrénée en plusieurs points, notamment à la partie interne de la lèvre inférieure, au niveau des gencives qui recouvrent les incisives inférieures, à la partie interne des joues, sur le voile du palais, sur les piliers, et jusqu'à la partie profonde du pharynx. Il y a en outre une gingivite intense avec saveur métallique très-prononcée.

Les vomissements ayant été très-abondants, il n'y a pas lieu d'administrer de nouveau un vomitif; on se contente d'ordonner de l'eau albumineuse et une potion au chlorate de potasse.

Les vomissements persistèrent encore pendant toute la journée, mais beaucoup plus rares, il y eut aussi quelques selles liquides, mais peu abondantes.

Le lendemain matin l'état général paraît très-bon. La face n'est plus altérée, le pouls ne bat que 75 fois par minute, et a repris sa force. Les douleurs d'estomac et les vomissements ont disparu. La malade a repris sa gaieté, et promet bien de ne plus recommencer sa funeste tentative, dont elle se repent. Cependant, depuis son entrée à l'hôpital, elle n'a pas rendu une goutte d'urine, et par le cathétérisme, nous n'obtenons absolument rien ; il y a donc une anurie complète.

Malgré cette anurie complète qui persista pendant quatre jours, l'état général s'améliorait de jour en jour. Le 30 mai, la malade évacue spontanément un demi-verre d'une urine très-foncée, mais non sanguinolente. Nous y trouvons une grande quantité d'albumine, et l'analyse chimique y décela la présence d'un sel mercuriel en abondance. A partir de ce moment, la malade ne rendit plus chaque jour que quelques gouttes d'urine.

Cependant elle allait toujours de mieux en mieux, son état général était excellent, l'appétit était revenu, les digestions se faisaient assez bien, et tout faisait prévoir une guérison prochaine, lorsque le samedi soir, 6 juin, la scène change brusquement.

La malade est reprise tout à coup de nausées, de vomissements verdâtres, elle ne peut plus même supporter les potages qu'on lui donne, elle se plaint d'une douleur vive dans le ventre et au niveau des hypochondres.

Le pouls est petit, à 100 pulsations, la face s'altère profondément.

Cependant il y a absence complète de ballonnement du ventre, qui est au contraire aplati et déprimé.

Les eschares de la bouche et du pharynx sont tombées.

Le lendemain matin, 7 juin, les symptômes se sont encore aggravés. Il y a une altération profonde des traits, les yeux sont excavés.

La respiration est anxieuse. Le pouls petit, filiforme, à 120.

Il y a au niveau du foie une douleur très-vive, exagérée par la pression la plus légère, et s'étendant jusque dans l'hypochondre gauche.

Le foie paraît un peu augmenté de volume, il déborde légèrement les fausses côtes.

Les vomissements verdâtres persistent, la malade ne peut absolument rien supporter.

Il y a aussi quelques coliques et un peu de diarrhée jaunâtre.

Il y a toujours absence complète de ballonnement du ventre.

A onze heures la malade expulse un fœtus d'environ trois mois, macéré, et paraissant mort depuis déjà plusieurs jours.

Une demi-heure après, la délivrance fut faite sans accident, et le délivre extrait parut complet.

Lundi 8 juin. — Les symptômes s'aggravent de plus en plus.

Le pouls est devenu presque imperceptible, il y a eu du délire pendant la nuit; la malade paraît insensible à ce qui se passe autour
d'elle, cependant elle répond encore aux questions qu'on lui fait.
Au moment où on la découvre, il se répand une odeur urineuse
infecte, quoiqu'elle n'ait pas uriné dans son lit. Depuis l'avorte-
ment, il y a eu une miction d'environ 100 grammes d'urine, contenant encore de l'albumine en grande quantité, et du mercure.

Le ventre est toujours aplati.

Mardi 9 *juin*. — Les vomissements ont cessé, mais l'état général s'est aggravé. Il y a eu du délire et de l'agitation pendant
toute la nuit, et le matin la malade est dans le coma. Elle ne répond
plus aux questions qu'on lui adresse; cependant lorsqu'on appuie
au niveau du foie, elle accuse encore de la douleur, en poussant
quelques gémissements plaintifs.

Il est presque impossible de compter le pouls, tellement il est
petit et fréquent.

La respiration est embarrassée.

La langue est sèche, fendillée, noirâtre, les dents recouvertes d'un
enduit fuligineux, l'haleine répand une odeur infecte.

Il y a, d'ailleurs, tout autour de la malade, une odeur urineuse
repoussante.

Mercredi 10 *juin*. — Aggravation de tous les symptômes, coma
absolu, prostration profonde, yeux ternes, excavés, entourés d'un
cercle bleuâtre.

Jeudi 11 *juin*. — Mort à midi.

Autopsie trente-six heures après la mort. — 1° *Tube digestif.*
— *Œsophage.* — Rougeur assez prononcée dans toute son étendue.

Estomac. — L'estomac contient environ un verre d'une matière
liquide, jaunâtre, analogue aux selles rendues pendant la vie.

Arborisation et rougeur très-vive, surtout par places, et occupant toute la grande courbure de l'estomac. — Au niveau de la
grande courbure, il y a une perforation de l'étendue d'une pièce de
50 centimes; mais il est probable que cette perforation était primi-

tivement incomplète, et qu'elle a été produite par les tractions exercées sur l'organe pour l'attirer au dehors.

Dans le voisinage de cette perforation, existe une ulcération profonde des tuniques de l'estomac, ne présentant plus à ce niveau que la tunique péritonéale qui se laisse déchirer par la traction la plus légère.

L'intestin grêle et le gros intestin sont rouges et arborisés, mais ne présentent pas d'ulcérations.

Cerveau. — Il est complétement sain dans toute son étendue; nous ne trouvons aucune trace d'inflammation même légère; il n'y a pas non plus de liquide dans les ventricules.

Poumons. — Ils sont très-adhérents aux parois thoraciques, surtout le poumon droit.

Au sommet de ce dernier, existent deux cavernes, l'une de la grosseur d'un pois, l'autre d'une noix; il y a aussi dans leur voisinage un tubercule crétacé et enkysté.

Cœur. — Le cœur est flasque, friable et décoloré, mais ne présente pas d'ulcérations.

Utérus. — L'utérus contient une matière grisâtre, ramollie.

Il n'y a aucune trace d'inflammation dans les annexes de l'utérus.

Foie. — A l'œil nu, la surface du foie est lisse, brillante; l'organe ne paraît pas avoir augmenté sensiblement de volume.

Il n'y a pas d'épaississement de la capsule de Glisson. A la coupe, il présente la consistance pâteuse, l'aspect jaunâtre, décoloré du foie gras. La surface de section est lisse et graisseuse; elle a, en un mot, tous les caractères du foie gras.

Pas d'extravasations sanguines, pas de cicatrices fibreuses. Cet aspect se présente dans toute l'étendue du foie qui est friable et se déchire facilement.

Les îlots des cellules ne présentent pas les trois colorations normales, mais présentent, en général, l'aspect d'îlots jaunâtres avec une coloration un peu rosée au centre.

Examen microscopique fait par M. Hénocque. — 1° *Dans la glycérine.* — Les cellules hépatiques apparaissent tuméfiées, jaunâtres, brillantes ; un nombre considérable de gouttelettes graisseuses nagent dans la préparation. On retrouve à peine quelques cellules ne présentant pas la dégénérescence graisseuse, et dans d'autres, le noyau a disparu. On y retrouve seulement quelques granulations disséminées dans la masse graisseuse, et quelques gouttelettes brillantes, jaunâtres, ayant en un mot l'aspect de gouttelettes graisseuses (voy. la planche, fig. 1).

2° *Dans l'acide acétique.* — On voit une grande quantité de globules graisseux mis en liberté ; les cellules hépatiques restent opaques et jaunes noirâtres. Elles sont remplies par des gouttelettes graisseuses brillantes, un peu jaunâtres. Dans toutes les cellules, le noyau a disparu.

3° *Dans l'acide chlorhydrique.* — Les cellules sont ratatinées, et conservent leur aspect jaune brillant. Un grand nombre ont disparu, et ne constituent plus qu'un détritus de granulations brillantes, jaunâtres, à bords noirs, c'est-à-dire graisseux.

4° *Dans l'ammoniaque.* — Un grand nombre de cellules redeviennent transparentes, et une quantité considérable de granulations graisseuses sont mises en liberté.

5° *Dans l'éther.* — Un grand nombre de cellules sont devenues transparentes, blanchâtres ; toutes, en général, ont perdu leur coloration jaunâtre. On ne voit toujours pas de noyaux.

Reins. — Ils sont tuméfiés, mous, lisses. Après décortication, ils présentent des taches jaunâtres par places, variant comme étendue entre quelques millimètres carrés et quelques centimètres carrés.

A la coupe, ils sont décolorés, jaunâtres.

Dans les points correspondants aux taches jaunes, on trouve des îlots graisseux, diffluents, rappelant les taches jaunes qu'on trouve dans l'atrophie aiguë du rein. Le reste du parenchyme présente un degré plus avancé de la coloration jaune graisseuse.

Examen microscopique. — 1° *Plaques jaunes.* — On ne trouve plus trace du parenchyme rénal, mais un détritus composé des éléments suivants : Quelques cellules épithéliales graisseuses, et une quantité considérable d'éléments nucléaires, renfermant un nucléole brillant, arrondi, jaunâtre, et rappelant les éléments du tissu conjonctif proliféré et graisseux, ou renfermant plusieurs nucléoles analogues à des corpuscules de pus.

2° *Par l'acide chlorhydrique.* — On trouve, à côté de ces détritus, des traces de glomérules de Malpighi, sous forme de masses brunâtres, et quelques résidus de tubes dans lesquels se rencontrent des traces de cellules épithéliales tuméfiées et infiltrées de graisse.

3° *Substance corticale.* — Dans les parties moins altérées, on retrouve dans la substance corticale les tubes et les glomérules comblés par des cellules graisseuses noirâtres; il ne nous paraît pas y avoir d'hyperplasie du tissu conjonctif interstitiel. Il y a également dégénérescence graisseuse dans les glomérules. Dans la préparation, il y a une quantité considérable de cellules infiltrées de graisse. Dans quelques tubes, on ne trouve plus que des noyaux et des granulations graisseuses.

4° *Substance médullaire.* — Sur une coupe longitudinale, le plus grand nombre des tubes apparaissent pâles, remplis de granulations et de noyaux çà et là disséminés. On trouve des tubes opaques, noirâtres, remplis de cellules épithéliales, gonflées, granulo-graisseuses, agglutinées par une exsudation de nature protéique (1).

En résumé, les reins présentent des altérations qui, par places, sont d'une intensité extrême. Là, tout le parenchyme a été détruit, et l'on ne retrouve plus que des gouttelettes graisseuses et des éléments nucléaires infiltrés au même degré et que nous ne saurions rapporter à un élément déterminé ; elles peuvent aussi bien représenter des noyaux d'épithélium que des noyaux de tissu conjonctif devenus graisseux, ou même des leucocytes.

(1) Toutes ces pièces, ainsi que les préparations microscopiques, ont été présentées à la Société anatomique dans la séance du 3 juillet 1868. Elles ont été l'objet d'un rapport présenté et lu par M. Hénocque dans la séance du 10 juillet 1868. Nous renvoyons, pour plus de détails, au compte rendu des *Séances de la Société anatomique* (séance du 3 juillet 1868).

Ailleurs, les altérations moins prononcées restent très-évidentes ; il y a dégénérescence graisseuse du contenu des tubes, dégénérescence de l'épithélium qui, par places, est arrivé à la destruction complète, et dégénérescence graisseuse d'un exsudat qui, à une époque antérieure, a rempli les tubes et nous a paru de nature protéique. L'apparition de cet exsudat doit remonter probablement à l'époque à laquelle on a trouvé de l'albumine dans les urines. Nous croyons que l'expression de stéatose des reins appliquée à tout ce processus, est parfaitement justifiée.

Du côté du foie, la dégénérescence graisseuse est généralisée, mais sans vouloir affirmer qu'elle n'était pas préexistante à l'empoisonnement, et qu'elle n'ait pas été sous l'influence d'une·autre cause, nous sommes disposé à la rapprocher de la stéatose du rein, et à y reconnaître la même cause que celle des altérations de cet organe.

M. Hénocque, dans son rapport lu à la Société anatomique, sans vouloir attribuer une trop grande importance aux altérations du foie, est arrivé à considérer les altérations du rein comme pouvant être rapportées à l'empoisonnement par le mercure, bien que de ce fait isolé on ne soit pas en droit de tirer des conclusions plus nettement formulées (voy. la planche, fig. 1, 2 et 3).

Nous devons ajouter que l'analyse chimique donne une très-grande valeur à l'opinion que nous soutenons, car M. Bruley, qui a fait les analyses (1), a retrouvé dans le

(1) Voici le procédé employé par M. Bruley pour les recherches chimiques :

On divise les matières en parties très-petites, on les mélange d'un peu d'eau distillée, on les place dans un flacon à large ouverture, et l'on y fait passer un courant de chlore jusqu'à destruction complète des matières animales, ce que l'on reconnaît à l'aspect caséeux que prend la matière. On démonte l'appareil, et l'on ajoute une solution aqueuse et saturée de chlore ; on laisse en contact pendant 24 heures, en agitant de temps en temps ; la matière organique achève ainsi de se détruire. On filtre, on fait passer dans

foie et les reins une quantité considérable de mercure ; dans l'estomac, il y en avait une petite quantité ; dans le cerveau, il n'y en avait pas de traces.

Si nous cherchons à quelle maladie a dû succomber cette malheureuse femme, il ne nous paraît pas possible d'admettre autre chose que des accidents urémiques, suffisamment caractérisés par l'absence complète des urines pendant plusieurs jours, par les vomissements, les troubles intestinaux, le délire, le coma, et l'odeur urineuse répandue par la malade quelques jours avant sa mort.

Mais à quelle cause rattacher ces accidents urémiques ? L'urémie, en effet, si bien étudiée dans ces dernières années par Frerichs, Richardson, Oppler, Jaksch, etc., n'est jamais, on le sait, une maladie primitive ; elle est, au contraire, constamment liée à un trouble profond de la sécrétion uri-

---

la liqueur un courant d'acide sulfureux pur ; l'excès de chlore est détruit ; on filtre de nouveau, on porte le liquide dans une capsule de porcelaine, et l'on évapore de manière à réduire le liquide au tiers environ. Dans ce liquide, filtré de nouveau, on fait passer un courant d'acide sulfhydrique. Le bichlorure de mercure qui est resté dans le liquide, se transforme en sulfure de mercure qui se précipite. Pour précipiter entièrement le mercure, il est nécessaire de faire passer longtemps et à plusieurs reprises un courant d'acide sulfhydrique ; on chauffe le flacon producteur du gaz sulfhydrique au moyen d'une lampe à alcool, de façon à dégager la plus grande quantité possible de gaz que sature entièrement le liquide contenant le sel mercuriel. On ferme hermétiquement le flacon qui contient le sel mercuriel, et le reste du mercure se précipite entièrement. On laisse le liquide saturé d'hydrogène sulfuré pendant quelques heures, et l'on recueille sur un filtre le précipité de sulfure de mercure qui s'est formé. Pour constater que c'est bien du mercure, on dissout le précipité dans l'acide chlorhydrique, on chauffe ; le sulfure de mercure se transforme en bichlorure de mercure. Dans cette solution, on constate la présence du mercure au moyen des réactifs des sels de mercure. Le meilleur moyen est la pile de Smithson, qui consiste en une lame d'or enveloppant une lame ou un petit cylindre d'étain. Pour se servir de cet appareil, on le plonge dans la liqueur à essayer ; la lame d'or blanchit et se recouvre de mercure métallique. On la retire du liquide et on l'introduit dans un petit tube, que l'on chauffe pour volatiliser le mercure ; à l'aide d'une loupe ou à l'œil nu, on retrouve le mercure qui s'est condensé dans la partie froide du tube. Lorsqu'on introduit dans ce tube un petit fragment d'iode et qu'on chauffe, le mercure se transforme en biiodure de mercure reconnaissable à sa couleur rouge.

naire, qui est lui-même sous la dépendance de lésions plus ou moins graves de l'organe sécréteur de l'urine. Ici, deux hypothèses seulement peuvent être émises : ou bien l'albuminurie observée pendant la vie était occasionnée par l'état de grossesse de la femme, et cette albuminurie aurait été plus tard la cause des accidents urémiques ; ou bien l'empoisonnement mercuriel a produit une stéatose profonde et généralisée des deux reins, d'où suppression de la sécrétion urinaire et accidents urémiques. Sans vouloir entreprendre une discussion approfondie, qu'il nous suffise de dire que l'albuminurie est extrêmement rare avant le sixième mois de la grossesse, et qu'il n'en est pas d'exemples vers le troisième mois. D'autre part, les lésions trouvées du côté des reins et du foie ne sont pas celles de l'albuminurie simple. Il nous paraît donc beaucoup plus rationnel d'admettre ici que, sous l'influence d'un agent toxique aussi puissant que le sublimé corrosif, il s'est produit des lésions, des dégénérescences graisseuses, analogues à celles qu'on observe dans l'empoisonnement arsenical par exemple, et que cette stéatose a été assez profonde dans les reins pour détruire en partie le parenchyme de la glande, et amener une suppression complète de la sécrétion urinaire, entraînant elle-même à sa suite, le développement des accidents urémiques qui ont amené la mort.

Cette observation vient donc démontrer d'une façon non douteuse que le mercure, comme l'arsenic, doit être rangé dans la classe des poisons stéatogènes, et que la dégénérescence graisseuse peut envahir la totalité des glandes, au point d'amener la suppression des sécrétions, et les accidents qui en sont la conséquence.

De l'étude des lésions anatomiques rencontrées chez les animaux qui ont succombé à un empoisonnement lent ou rapide par l'arsenic, il résulte que si ce médicament, employé à dose thérapeutique, possède une action bienfaisante sur la plupart des fonctions et en particulier sur la nutrition, il devient, lorsqu'il est employé à dose toxique, un poison du sang, en se substituant à l'oxygène des globules. Ceux-ci, perdant leurs propriétés vitales, sont dès lors incapables d'entretenir la nutrition des tissus, qui subissent ainsi des métamorphoses régressives, en un mot la *stéatose*.

CHAPITRE II

Les applications thérapeutiques de l'arsenic sont nombreuses; mais toutes les maladies que l'on a traitées à l'aide de ce médicament, ne l'ont pas été avec un égal succès. Si sur certaines d'entre elles la médication arsenicale a une action incontestable, il en est sur lesquelles cette action est au moins douteuse, et d'autres enfin où elle est absolument nulle. De ces dernières, nous parlerons à peine, nous réservant de traiter plus en détail celles dans lesquelles l'arsenic a une efficacité réelle, et parmi elles nous plaçons au premier rang les fièvres intermittentes.

I. — EMPLOI DE L'ARSENIC DANS LES FIÈVRES INTERMITTENTES.

Du jour où les propriétés fébrifuges du quinquina furent connues, les succès obtenus à l'aide de ce précieux médicament furent tels, que l'on put croire un instant que la médecine n'avait plus aucun progrès à faire de ce côté, et considérer ce médicament comme un spécifique des fièvres intermittentes. Mais lorsque le premier engouement fut passé, et qu'une plus grande expérience eût démontré qu'un certain nombre de fièvres résistaient à ce prétendu spécifique, force fut aux médecins de recourir aux anciens remèdes, et même de rechercher dans de nouvelles substances des succédanés au quinquina.

Une autre raison devait pousser les médecins dans cette voie, c'est le prix excessif du sulfate de quinine, qui en fait à proprement parler un médicament des riches, et le rend le plus souvent inabordable aux classes pauvres. C'est surtout dans les campagnes où les fièvres intermittentes règnent d'une façon endémique, et où par conséquent la médication quinique aurait besoin d'être longtemps prolongée, que cet inconvénient se montre dans toute sa rigueur. Aussi arrive-t-il fréquemment, au rapport de médecins dignes de foi, que dans certaines contrées marécageuses, les paysans atteints de fièvre intermittente pendant toute l'année, sont réduits à ne traiter leur mal qu'au moment où les travaux des champs les réclament impérieusement. Ils vont alors, ainsi qu'ils disent, *faire couper leur fièvre ;* mais comme, faute d'argent, ils ne peuvent continuer leur traitement aussi longtemps qu'il le faudrait, ils sont bientôt repris de nouveaux accès, et bon nombre d'entre eux périssent en proie à la cachexie paludéenne la plus profonde.

En présence d'une telle situation, on comprend aisément que des efforts sans nombre aient été tentés dans le but de remplacer un médicament excellent, il est vrai, mais trop cher, par un autre capable de rendre les mêmes services, et que le vil prix mît à la portée de toutes les bourses.

D'autre part, le traitement par le sulfate de quinine des fièvres intermittentes devenues si fréquentes dans nos armées depuis la conquête de l'Algérie, nécessitait au budget de la guerre une dépense annuelle qui n'était pas moindre de 450 000 francs. Le ministère s'émut d'un pareil chiffre, et chercha à susciter de nouvelles recherches, dans l'espoir de découvrir un succédané du quinquina. De là, les nombreux travaux, dont quelques-uns fort remarquables, entrepris par les médecins militaires, et dont nous aurons plus tard occasion de parler.

De tous les médicaments réputés fébrifuges, l'arsenic est assurément l'un des plus anciennement connus, l'un des plus efficaces, et celui qui donna lieu au plus grand nombre de travaux. Son emploi comme fébrifuge remonte à la plus haute antiquité, et paraît avoir été vulgaire avant de passer dans le domaine de la médecine.

Alexandre de Tralles, qui vivait vers l'an 560 av. J. C., polypharmaque à l'excès, d'une crédulité rare, et grand partisan des remèdes secrets, raconte que l'arsenic faisait partie des nombreuses drogues entrant dans la composition des parfums et des amulettes, fort employés de son temps contre les fièvres d'accès.

Paracelse, au xvie siècle, parle des propriétés fébrifuges de l'arsenic.

Plus tard, Melchior Friccius, médecin d'Ulm (1), considère l'arsenic comme le meilleur remède contre les fièvres intermittentes.

Divers autres travaux, mais de peu d'importance, furent également publiés vers la même époque.

(1) *Tractatus medicus de virtute venenorum medicâ* (1681). *Paradoxa venenis*, 1710.

C'est Slevogt, professeur à Iéna, qui fit paraître au commencement du XVIII⁰ siècle le premier ouvrage véritablement scientifique, sur les propriétés fébrifuges de l'arsenic (1).

Ses opinions furent vivement combattues par Storck (2) et par Stahl, qui, citant l'exemple de plusieurs malades traités par un charlatan à l'aide de l'arsenic, ajouta que deux moururent empoisonnés, et que d'autres devinrent épileptiques. Mais Slevogt rencontra d'ardents défenseurs dans Wedel (3), Keil qui regarde l'arsenic comme un spécifique sûr contre les fièvres intermittentes, et plus tard dans les deux Plencitz (4), médecins célèbres de Vienne, qui ont beaucoup employé l'acide arsénieux dans l'épidémie de 1780, et n'ont vu aucun accès, même des plus rebelles, résister à trois prises de ce médicament. Dans aucun cas, ils n'eurent besoin de recourir au quinquina; aussi se félicitent-ils hautement de posséder un tel médicament dont ils n'ont jamais vu résulter de mauvais effets.

Fusch vante l'arsenic à l'égal du quinquina. « Experientia nos docebit, dit-il, arsenicum in febribus intermittentibus adhibitum eas dotes possidere quibus optima remedia præ-dita esse debent. »

S. Hahnemann (5), appliquant à l'arsenic ses doctrines homœopathiques, et ayant cru remarquer qu'il donnait la fièvre, en fait un médicament antifébrile, et l'administre dans les fièvres intermittentes.

Harless (6), résumant tous les travaux antérieurs et y

(1) J. A. Slevogt, *Prolusio de exceptionibus sive permissione prohibito-rum et prohibitione permissorum.* Iena, 1700.
(2) Storck, *Annus medicus.*
(3) G. W. Wedel, *Dissertatio de Arsenico.* Iena, 1719.
(4) Plencitz, *Acta et observationes medica.* Pragæ, 1783.
(5) Hahnemann, *Étude de médecine homœopathique.* Paris, 1855, trad.
(6) Harless, *De usu arsenici in medicind.* Nuremberg, 1811.

ajoutant les résultats de sa propre expérience, publie en 1811 une monographie pleine de faits nouveaux, et restée longtemps classique.

Schœnlein (1), dans son *Traité de pathologie*, s'exprime ainsi : « Les inconvénients reprochés à l'arsenic sont tout à fait controuvés, et l'observation vierge de préventions, enseigne que l'hydropisie et la désorganisation des viscères abdominaux se rencontrent beaucoup plus rarement durant son usage, qu'alors qu'on a recours au quinquina ; nous l'avons employé avec un plein succès dans les cas les plus désespérés, et lorsque le quinquina avait échoué complétement. » Les formes tétaniques et épileptiques sont celles qui, suivant lui, indiquent plus spécialement son usage.

J. Frank expérimenta aussi ce médicament en 1818, mais à contre-cœur, et il eut peu à s'en louer. Voici d'ailleurs comment il s'exprime sur le compte de l'arsenic, dans un article très-court, que nous citons textuellement :

« L'usage de l'arsenic dans les fièvres intermittentes date
» de loin, même parmi les paysans et les juifs de la Lithua-
» nie. Oubliant les accidents auxquels donnèrent lieu ce
» terrible poison et son composé, l'arséniate de potasse,
» Th. Fowler, Burdach, Heins, Harless, Bürger, Vinkler,
» Hoffmann, Ebers, Brera et Tantini, les ont de nouveau
» introduits dans la pratique. Forcé, pour ainsi dire, nous
» avons tenté trois expériences avec l'arsenic dans les
» fièvres intermittentes, sans résultats avantageux, et Dieu
» en soit loué, sans accidents. Maintenant nous sommes
» convaincu, et ce n'est pas une opinion nouvelle, que
» l'on peut bien guérir les fièvres intermittentes avec ce
» poison, mais en tuant les malades (2). »

(1) Schœnlein, *Allgemeine und spezielle Pathologie und Therapie.*
(2) *Traité de pathologie interne*, par Joseph Frank, traduit par Bayle. Paris, 1857, p. 157.

Et à l'appui de son opinion, il cite dans une note celle de Senac, qui dit : « Eoque (l'arsenic) sunt plurima febres » devictæ, sed ægri in phthisin tandem delapsi, mortui » sunt. »

Ébers (1) ne fut pas beaucoup plus heureux que lui. Il rapporte que deux charlatans vendaient à Breslau des gouttes arsenicales pour la guérison des fièvres, et que presque tous ceux qu'ils avaient traités, se rendaient ensuite dans les hôpitaux, atteints d'hydropisies et de fièvres lentes, et ne tardaient pas à périr. Cependant, dit-il, jamais la dose n'avait été portée à 1 grain.

Mais, malgré l'autorité de J. Frank et d'Ebers, l'acide arsénieux n'en continua pas moins à être employé en Allemagne.

Fowler (2) popularisa l'arsenic en Angleterre, comme Slevogt l'avait fait avant lui en Allemagne. Ce qui lui donna l'idée de faire l'essai de cette substance, ce fut une recette de charlatan qui avait une vogue immense sous le nom de gouttes insipides ou gouttes fébrifuges (*Agues droops*). Il fit analyser la liqueur par un chimiste, Hugues, qui y trouva de l'arsenic, et c'est ce qui le conduisit à employer la *solution minérale* qui porte aujourd'hui son nom.

Après Fowler, plusieurs médecins anglais employèrent aussi l'arsenic contre les fièvres intermittentes, entre autres, Leicester, Freer et R. Willan (1786).

R. Pearson (1806) attacha son nom à une solution employée encore de nos jours, et dont il n'hésita pas à se servir chez un prince royal, le duc d'York, qu'il guérit

(1) Ebers (de Breslau), *Bibliothek der Heilkunde von Hufeland*, octobre 1813.

(2) Fowler, *Medical reports of the effects of the arsenic in the cure of agues fevers and periodic headachs, etc.* London, 1786.

ainsi d'une fièvre intermittente, rebelle jusque-là au quinquina.

Vers la même époque, Stokes, professeur à Dublin, et
Barton, professeur à Philadelphie, se servirent aussi avec
succès du même médicament contre les fièvres intermittentes.

Brera, en Italie, suivait également le mouvement, et publiait sur la matière un ouvrage remarquable (1) qui, à
l'époque, eut un grand retentissement.

Les médecins français accueillirent ces travaux étrangers
avec peu de faveur, et préoccupés sans doute de la fâcheuse
réputation de l'arsenic, n'introduisirent qu'avec répu-
gnance ce médicament dans la thérapeutique.

Ce n'est qu'au commencement de ce siècle que parurent en France les premiers travaux de Fauves (2), André
Bry (3), Desgranges (4) et Dupont, des Landes (5), qui se
déclarèrent les chauds partisans de l'arsenic dans les fièvres. Niel, médecin de l'hôpital de Marseille, écrivait
en 1807 : « Je dois avouer qu'il n'est pas de fébrifuge
comme l'arséniate de soude et dont les effets soient aussi
prompts ; je n'excepte ici aucune espèce de fièvres intermittentes. » Thibault de Bruyères est loin de partager cet
enthousiasme, et il ne propose rien moins que de rejeter
absolument l'arsenic de la thérapeutique. Il le considère
comme des plus dangereux et se plaint amèrement qu'on

(1) Brera, *Clinica medica di Pavia*, 1806.
(2) Fauves, *Recherches cliniques sur les effets de l'arsenic dans les fièvres
intermittentes*. Paris, 1804, in-8.
(3) André Bry, *Réflexions et observations sur l'emploi de l'oxyde blanc
d'arsenic dans les fièvres intermittentes* (*Journal de médecine* de Sédillot,
1808, t. XXXIII).
(4) Desgranges, *Usage de l'arsenic dans la médecine interne* (*Journ.
gén. de médecine*, 1807, t. XXX).
(5) Dupont (des Landes), *Observations sur l'efficacité de l'arséniate de
soude dans les fièvres intermittentes* (*Journal de méd.* de Sédillot, 1809).

laisse *une substance aussi énergique entre les mains des médicastres qui pullulaient alors en France* (1).

Mais, de même qu'en Allemagne, en Angleterre et en Italie, l'arsenic devait trouver en France un défenseur et un vulgarisateur dans Fodéré, médecin à l'hôpital civil et militaire de Martigues, en Provence. Conduit presque malgré lui, et par suite du manque absolu de quinquina, à se servir de l'acide arsénieux dans le traitement d'une fièvre intermittente pernicieuse, il fut frappé du bon résultat qu'il en obtint, et plus tard, il n'employa plus que l'arsenic dans une épidémie de fièvre intermittente qui se déclara à Martigues. Le succès dépassa ses espérances, et en 1809 il publiait ses recherches (2) dans un remarquable mémoire qui contribua, pour une large part, à ramener les médecins de l'injuste prévention qu'ils avaient conservée contre les préparations arsenicales.

L'impulsion était donnée; aussi un grand nombre de mémoires se succédèrent-ils rapidement, parmi lesquels on doit surtout citer ceux de Desgranges, Bouiller, à Pont-Sainte-Maxence (3), qui rapporte dans une lettre adressée au rédacteur du *Recueil périodique de la Société de médecine de Paris*, qu'étant chargé du service médical d'un des hôpitaux militaires de Dantzick, il a pu observer de nombreux cas de guérison par la solution d'arséniate de soude.

Deidier, Peyrilhe, Cadet de Gassicourt, et surtout Broussais et son école repoussent vivement l'introduction de l'arsenic dans la thérapeutique.

(1) Thibault, *Réflexions sur l'arsenic considéré comme médicament* (*Journ. de méd.* de Sédillot, 1809, t. XXXII).

(2) Fodéré, *Recherches expérimentales faites à l'hôpital civil et militaire de Martigues, sur la nature des fièvres à périodes, et sur la valeur des différents remèdes substitués au quinquina, principalement sur les propriétés médicales de l'arséniate de soude,* 1809.

(3) Bouiller, *Lettre sur l'emploi des préparations arsenicales,* 1813.

Malgré les nombreux travaux dont il fut l'occasion, on peut dire que jusqu'à Boudin l'arsenic fut très-peu employé en France. Mais en 1842, Boudin publie son premier travail (1), dans lequel il rapporte de nombreux cas de guérison de fièvres intermittentes par les préparations arsenicales. Trois ans après, il présente à l'Académie de médecine (séance du 26 août 1845) un nouveau mémoire dans lequel il annonce près de trois mille fièvres intermittentes traitées et guéries par l'acide arsénieux, sans un seul cas d'insuccès, et sans avoir non plus à enregistrer le moindre accident par les doses énormes auxquelles il administrait le médicament.

De tels faits ne pouvaient manquer d'avoir un grand retentissement dans toute la presse médicale, qui, d'ailleurs, les apprécia diversement. Tandis que certains journaux acceptaient sans restriction les résultats annoncés par Boudin, et témoignaient d'un grand enthousiasme, et pour l'auteur, et pour le médicament, d'autres journaux, parmi lesquels le *Bulletin de thérapeutique* et la *Gazette médicale*, n'acceptèrent tous ces faits si merveilleux qu'avec les plus grandes réserves, et demandèrent, avant de formuler leur opinion, que de nouvelles expérimentations furent faites dans cette voie. Leurs souhaits furent réalisés et de toutes parts, en France comme à l'étranger, ce médicament, tant prôné par Boudin, fut de nouveau soumis à l'expérience. Malheureusement, les résultats si contradictoires que l'on obtint n'eurent, pendant un certain temps, pour conséquence, que de ranimer la lutte entre les détracteurs et les partisans, quand-même, de l'arsenic.

Tandis que, d'un côté, les élèves de Boudin continuaient à enregistrer des succès étonnants, d'un autre côté, de trop

(1) Boudin, *Traité des fièvres intermittentes et emploi thérapeutique des préparations arsenicales*. Paris, 1842.

nombreux insuccès venaient refroidir l'enthousiasme du premier moment, et un noyau de réaction commençait à se
former.

En 1843, peu de temps, on le voit, après la publication
du premier mémoire de Boudin, le docteur Salvagnoli (1)
employait l'acide arsénieux contre neuf fièvres intermittentes quotidiennes, trois tierces et quatre quartes, et n'ob-
tenait aucun résultat, sauf une fièvre quotidienne qui fut
coupée à la première dose. Deux fièvres quartes rebelles
au quinquina furent également traitées par lui sans succès.

D'autres expérimentateurs ne furent pas plus heureux ;
ce sont : Gintrac (2), Desportes (3), Espanet (4), et les médecins militaires Champouillon (5) et Cordier (6), qui,
dès lors, se montrèrent les détracteurs de l'arsenic.

Dans le camp opposé, les revers sont inconnus ; toutes
les fièvres intermittentes, quelle que soit leur nature, leur
forme, cèdent fatalement à la médication arsenicale. De là
toute une série de travaux, dont quelques-uns inspirés par
Boudin, relatant des succès tels, que le quinquina devrait
être rejeté de la thérapeutique, dans le traitement des fièvres intermittentes.

C'est ainsi que, deux ans après Boudin, Masselot, son
élève, publie dans les *Archives générales de médecine* (7)
des observations en grand nombre tendant à démontrer la
supériorité de l'arsenic sur le sulfate de quinine ; car avec

(1) Salvagnoli, *Gazetta Toscana*, août 1843.
(2) Gintrac, *Journal de médecine de Bordeaux*, octobre 1845.
(3) Desportes, Séance de l'Académie de médecine, 19 août 1845.
(4) Espanet, *Journal des connaissances médico-chirurgicales*, 1er novembre 1849.
(5) Champouillon, *Gazette des hôpitaux*, 30 mars 1850.
(6) Cordier, *Gazette médicale*, 11 janvier 1851.
(7) Masselot, *Des fièvres intermittentes et de leur traitement par l'acide
arsénieux* (*Archives générales de médecine*, 1846, t. X et XI, 4ᵉ série).

l'acide arsénieux, jamais il n'a vu d'insuccès, et les récidives sont beaucoup plus rares qu'avec le quinquina.

Comme son maître, Masselot emploie l'acide arsénieux dans toutes les fièvres intermittentes, quotidiennes, tierces ou quartes, même dans les fièvres pernicieuses, et cela toujours avec le même succès; la guérison ne fait jamais défaut, et, dans le plus grand nombre des cas, elle se montre après l'administration de la première dose. Et, chose plus remarquable encore, malgré les hautes doses, jamais d'accidents, à peine même quelques signes d'intolérance.

On compte, à partir de ce moment, un grand nombre de publications sur l'arsenic. En 1849, paraissent les mémoires de Leterme, Caytan et Néret, en 1850, ceux de Maillot, Fuster, Gibert (1), Bernier, Mazières (2).

En 1851, la Société de médecine de Lyon couronne le mémoire de Massart (3).

En 1852, Girbal, élève de Fuster, publie, dans la *Gazette médicale* (4), un travail très-consciencieux dans lequel, tout en se montrant très-grand partisan de la médication arsenicale, il fait néanmoins justice de quelques exagérations commises avant lui en faveur de l'acide arsénieux. Voici quelques-unes des conclusions auxquelles cet auteur s'arrête :

1° L'acide arsénieux a une propriété fébrifuge réelle dans les fièvres intermittentes par intoxication paludéenne profonde.

2° La médication arsenicale a une action moins *prompte et moins sûre* que la médication quinique.

(1) Gibert, *Bulletin de thérapeutique*, 1850, t. XXXVIII et XXXIX.
(2) Mazières, *Bulletin de thérapeutique*, 1850, t. XXXVIII.
(3) Massart, *Essai médical, théorique et pratique sur les préparations arsenicales*. Lyon, 1851.
(4) Girbal, *Observations sur l'emploi de l'arsenic dans le traitement des fièvres paludéennes (Gaz. méd., 1852)*.

3° Les récidives ne paraissent ni moins promptes ni moins fréquentes après la médication arsenicale, qu'après la médication quinique.

4° La médication arsenicale doit être bannie dans le traitement des accès pernicieux.

De 1853 à 1860 paraissent successivement les travaux de Lavirotte (1), Fremy (2), Perrin (3), Almès et Macario (4).

En 1860, l'*Union médicale* publie une étude intéressante de Ch. Isnard (5) sur l'emploi thérapeutique de l'arsenic. En ce qui concerne les fièvres intermittentes simples, l'auteur considère l'arsenic comme « un médicament aussi sûr, aussi constant, aussi innocent que les préparations de quinquina ». Dans les fièvres pernicieuses, il le regarde comme ayant une propriété fébrifuge aussi sûre, aussi énergique que le sel de quinine; mais, ajoute-t-il, il doit être banni, pour le moment, du traitement des accès pernicieux, son infériorité tenant aux tâtonnements qu'exige son emploi. Pour l'auteur, les fièvres intermittentes anciennes et rebelles au sulfate de quinine, sont le triomphe de l'arsenic. Il est regrettable qu'il n'apporte que sept cas à l'appui de cette proposition.

L'année suivante, M. Sistach, médecin militaire attaché à l'hôpital de Vincennes, publiait dans la *Gazette médicale* un important travail (6) qui fut l'occasion d'un rapport lu

(1) Lavirotte, *De l'emploi thérapeutique de l'arsenic dans le traitement des accès périodiques qui viennent compliquer les maladies aiguës (Revue médico-chirurgicale,* 1853).

(2) Fremy, *Moniteur des hôpitaux,* 1857.

(3) Perrin, *Valeur thérapeutique des préparations arsenicales,* 1852.

(4) Almès et Macario, *Gazette médicale,* 1860.

(5) Ch. Isnard, *Étude sur l'emploi thérapeutique de l'arsenic (Union médicale,* 1860, t. VI).

(6) Sistach, *Emploi thérapeutique de l'arsenic (Gaz. méd.,* 1861).

par M. Moutard-Martin à la Société médicale des hôpitaux. L'auteur, qui se servait de la solution Boudin, ne signale, dans son *Mémoire*, que des succès, et il arrive aux conclusions suivantes :

1° L'acide arsénieux est un médicament fébrifuge d'une grande puissance.

2° Il agit avec autant de succès contre les fièvres récentes que contre les fièvres invétérées dues à une intoxication paludéenne profonde.

3° Son action est plus prompte dans les fièvres tierces que dans les fièvres quotidiennes.

4° Son efficacité est incontestable pour dissiper certains engorgements de la rate.

5° L'efficacité de la médication arsenicale est subordonnée à la nature et à la préparation pharmaceutique du composé arsenical, à l'élevation de la dose, ainsi qu'aux règles qui président à son administration.

6° L'innocuité de la solution d'acide arsénieux est complète, si l'on insiste sur son fractionnement, si l'on consulte la tolérance des malades, et si, sans attendre que l'intolérance se produise, on diminue la dose initiale dès la cessation définitive des accès.

7° La liqueur arsenicale de Boudin offre au plus haut degré toutes les conditions d'efficacité et d'innocuité.

8° L'observation rigoureuse des règles tracées par M. Boudin dans son *Traité de géographie et de statistique médicale* assure le mieux, à la fois, l'efficacité et l'innocuité des préparations arsenicales. Ce travail vient donc presque de tous points confirmer les résultats de Boudin.

J'en dirai autant du mémoire de Millet (de Tours) (1)

(1) A. Millet (de Tours), *De l'emploi thérapeutique des préparations arsenicales.* Paris, 1855, 2e édition.

qui a étudié l'emploi de l'arsenic en thérapeutique.

Après avoir annoncé que dans ses propres expériences l'arsenic lui avait donné 84 pour 100 de guérisons, il ajoute: «Le sulfate de quinine nous eût-il donné des ré-
» sultats meilleurs ? Non.. Nous eût-il donné des résultats
» aussi beaux ? Non encore. Nous pouvons répondre ainsi
» en voyant ce qui se passe journellement dans nos con-
» trées, et en interrogeant notre pratique et celle de nos
» confrères.

» Avec l'acide arsénieux, nous avons eu *moins de réci-*
» *dives* qu'avec le sulfate de quinine. Des malades traités
» par la quinine et sujets à des récidives arrivant tous les
» trois ou quatre mois, ont pu rester, après avoir été soumis
» à la médication arsenicale, pendant huit, dix mois, un an
» et même plus, sans que la fièvre se soit reproduite.

» Nous sommes donc tenté de regarder l'acide arsénieux
» comme devant suppléer avantageusement (nous ne disons
» pas remplacer) le sulfate de quinine dans nos contrées
» tempérées » ..... « L'acide arsénieux nous a semblé agir
» aussi efficacement, aussi sûrement sur les fièvres quoti-
» diennes que sur les fièvres tierces. »

L'arsenic ne paraît pas avoir réussi à l'auteur dans le traitement des fièvres intermittentes quartes. Quant aux fièvres pernicieuses, il avoue qu'il n'oserait employer l'acide arsénieux *malgré ses effets héroïques, dans le traitement des fièvres intermittentes simples*, que dans les cas où il y aurait impossibilité d'employer le sulfate de quinine.

Dans ses expériences, M. Millet s'est conformé aux préceptes posés par Boudin, et c'est sa solution qu'il donnait à dose fractionnée, jusqu'à 4 centigrammes par jour et d'emblée.

Mode d'administration et dose. — Fowler administrait 36 gouttes de sa liqueur en trois fois dans les vingt-quatre heures : 12 gouttes à six heures du matin, 12 gouttes à deux heures du soir, et 12 gouttes à dix heures du soir, sans avoir égard aux heures de paroxysme. Le traitement tait continué pendant cinq jours consécutifs. On le cessait aussitôt que l'accès ne reparaissait plus, pour le reprendre deux jours après, dans le but de prévenir les rechutes.

Boudin a formulé des règles qui ont été acceptées, à peu de chose près, par tous les médecins qui ont expérimenté après lui l'acide arsénieux. Il préfère les solutions aux préparations solides.

Voici la solution dont il se sert :

Acide arsénieux.. ....,.......... 1 gramme.
Eau distillée... .... 1 litre.

Comme l'acide arsénieux est peu soluble, il faut faire bouillir la liqueur jusqu'à solution parfaite ; on remplace alors l'eau évaporée, on ajoute 1 litre de vin blanc, et l'on a la *liqueur minérale*, contenant 1 gramme d'acide arsénieux, pour 2 litres, ou autrement dit, 5 centigrammes par litre. Dès le début, Boudin administre une forte dose, 1, 2, 3, et jusqu'à 5 centigrammes d'acide arsénieux à doses fractionnées. A mesure que la tolérance baisse et que les accès de fièvre disparaissent, il faut diminuer les doses.

Si l'acide arsénieux n'était pas toléré par l'estomac, Boudin le donnait par le rectum.

Le traitement doit être prolongé pendant un temps proportionné à l'ancienneté et au caractère plus ou moins rebelle de la maladie. Dans les fièvres de première invasion, il doit être continué pendant huit jours au moins, après la cessation complète des accès. Dans les fièvres anciennes, il faut continuer le traitement de trente à cinquante jours.

Le mode d'administration de l'arsenic diffère essentiellement, on le voit, du mode d'administration du sulfate de quinine ; tandis que, pour ce dernier, la dose doit être donnée en une fois, pour l'acide arsénieux, au contraire, il faut donner la dose *filée, fragmentée, fracta dosi*. Le traitement arsenical peut être commencé à toute heure, tandis que le sulfate de quinine doit être donné six heures au moins avant l'accès. — Enfin, au lieu d'administrer l'acide arsénieux pendant trois jours de suite, et cesser ensuite comme pour le sulfate de quinine, il faut le continuer, en général, à la dose de 2 centigrammes pendant quinze à vingt jours au moins, sans interruption.

Ainsi la marche à suivre au point de vue du moment auquel on peut commencer le traitement, de la répartition de la dose du médicament et de la durée de ce traitement, est juste l'inverse pour l'acide arsénieux et pour le sulfate de quinine.

On a cherché à établir une comparaison entre la puissance d'action de l'arsenic et celle du sulfate de quinine, ou autrement dit, à quelle dose de sulfate de quinine répondrait une dose déterminée d'arsenic.

Voici à quels résultats on est arrivé :

Équivalents en puissance de l'arsenic et du sulfate de quinine :

1° D'après Boudin :

5	centigr. d'acide arsénieux équivalent à	1	gr. de sulfate de quinine.
1	— — —	0,20	— —
0,1	— — —	0,02	— —

C'est-à-dire qu'au point de vue de la puissance thérapeutique, l'acide arsénieux est au sulfate de quinine comme 20 est à 1.

2° D'après Morehead, professeur de clinique médicale à l'université de Bombay :

5 centigr. d'acide arsénieux équivalent à 15 décigr. de sulfate de quinine.
3,3 — — — 10 — —
2,5 — — — 7,5 — —
1 — — — 3 — —
0,5 — — — 1,5 — —
0,1 — — — 0,3 — —

L'acide arsénieux est au sulfate de quinine comme 30 est à 1.

3° D'après Isnard :

$^{gr.}$
5 centigr. d'acide arsénieux équivalent à 1,65 de sulfate de quinine.
3 — — — 1 — —
1,8 — — — 0,60 — —
1,5 — — — 0,50 — —
0,1 — — — 0,33 — —
0,01 — — — 0,033 — —

4° D'après Millet (de Tours) :

1 centigr. d'acide arsénieux équivaut à 33 centigr. de sulfate de quinine.
2 — — — 65 — —
3 — — — 1 gramme — —

De pareilles comparaisons n'ont, on le comprend, rien d'absolu, attendu que les malades n'ont pas tous la même susceptibilité pour un médicament donné ; mais établies sur un grand nombre de cas, elles n'en sont pas moins utiles, en ce qu'elles donnent approximativement la dose à laquelle on peut avoir recours pour produire un effet déterminé.

Précautions accessoires. — Boudin commençait toujours le traitement par l'administration d'un éméto-cathartique ;

et cela dans le but de développer l'appétit, car la seconde des précautions qu'il recommande consiste à donner aux malades une nourriture substantielle et exagérée ; il faut bourrer les malades d'aliments et leur faire boire du vin généreux ; cela est en effet très-rationnel, car l'arsenic, nous l'avons dit plus haut, empêche, il est vrai, la dénutrition, mais ne constitue pas par lui-même un aliment ; il faut donc soutenir le malade si l'on veut que la dénutrition puisse être empêchée.

Tolérance. — Un fait qui a été observé par Boudin, Fremy et Sistach, c'est la tolérance très-grande qu'ont les fiévreux pour l'arsenic ; mais aussitôt que les accès sont passés, se manifestent des signes d'intolérance. De là ce précepte de Boudin, de profiter de la tolérance du début pour administrer à ce moment de fortes doses pouvant aller jusqu'à 5 centigrammes, et diminuer aussitôt que la fièvre est coupée.

Cette tolérance qu'ont les fiévreux pour l'arsenic n'a rien de spécial, et ne doit pas nous surprendre. Dans toute maladie s'accompagnant de troubles généraux graves, le même phénomène s'observe, et il se rattache soit à un défaut d'absorption, soit à une diminution de l'excitabilité des nerfs sensibles de l'estomac, mettant ainsi obstacle à la manifestation des actes réflexes.

La lenteur d'absorption, en effet, s'observe incontestablement dans certaines fièvres pernicieuses, dans le choléra, etc., où des doses énormes de médicaments impunément administrés, au début, ne produisent d'effet qu'au moment où l'état général s'amende, et peuvent même ainsi donner lieu à de graves accidents, par suite de l'absorption rapide de toutes les doses antérieurement administrées.

Mais il n'en est pas toujours ainsi ; dans la pneumonie, par exemple, il y a bien réellement absorption du médicament. La tolérance du tartre stibié s'explique alors par la diminution de l'excitabilité des nerfs sensibles, survenant sous l'influence des troubles de l'hématose. C'est un point que M. le professeur Sée a fait particulièrement ressortir dans ses leçons faites en 1867 sur le tartre stibié.

Pour Boudin, le premier signe d'intolérance est la production d'une grande quantité d'eau à la bouche ; puis arrivent bientôt des nausées, de la céphalalgie, des vomissements, des coliques, la perte de l'appétit, etc.

Aussitôt que ces signes se montrent, il faut arrêter, ou tout au moins diminuer la médication.

On doit aussi tenir grand compte des susceptibilités individuelles, car certains malades tolèrent très-difficilement l'arsenic, et éprouvent des accidents avec les plus faibles doses, tandis que d'autres montrent au contraire une tolérance des plus grandes. Fuster en rapporte des exemples remarquables : Trois fiévreux ont pu prendre pendant sept jours de suite, le premier 6 centigrammes, le second 8 centigrammes, le troisième 12 centigrammes d'acide arsénieux, sans en être le moins du monde incommodés. Ce sont là des fait exceptionnels, qui ne doivent nullement engager un médecin prudent à dépasser certaines doses, au delà desquelles il y a lieu de craindre des accidents.

Girbal, qui donnait à ses malades une dose moyenne de 36 milligrammes par jour, et que dans certaines circonstances il augmentait jusqu'à 12 centigrammes, a décrit (1) divers accidents qu'il lui a été donné d'obser-

(1) *Observations sur l'emploi de l'arsenic dans les fièvres paludéennes* (*Gaz. méd.*, 1852).

ver, et qu'il distingue en accidents du premier et en accidents du deuxième degré. Les accidents du premier degré
consistent en : Légère sensation de sécheresse dans l'ar-
rière-gorge et le long de l'œsophage, cuisson à l'épigastre,
coliques, deux ou trois selles diarrhéiques, inappétence,
nausées, quelquefois vomissements, etc.

Les accidents du deuxième degré sont les mêmes, plus :
céphalalgie, vertiges, éblouissements, faiblesses, lipothy-
mies. Dans quatre ou cinq cas, il y eut un œdème rapide
des membres inférieurs ; enfin un malade a succombé.

Ce sont évidemment là des doses exagérées auxquelles
on ne doit jamais atteindre. Mieux vaudrait mille fois, si
l'on n'avait pas de sulfate de quinine, laisser les malades
avec leurs accès, plutôt que de les exposer à toute cette
série d'accidents, pouvant aller jusqu'à la mort.

Pour nous, la dose d'acide arsénieux ne doit jamais ex-
céder 2 centigrammes et demi, 3 centigrammes au plus,
car au delà de cette dose peuvent se déclarer des accidents
graves.

Résultats. — Sur deux cent quarante-neuf cas, Fowler
obtint cent soixante-onze guérisons complètes ; quarante-
cinq insuccès qui guérirent par les préparations de quinquina. Les quarante-deux autres malades ne purent être
guéris ni par l'arsenic ni par le quinquina, pour n'avoir
pas voulu s'astreindre à suivre consciencieusement leur
traitement. La plupart les malades de Fowler éprouvèrent
des signes d'intolérance, tels que : nausées, vomissements,
diarrhée, coliques, plus rarement des paralysies et des
tremblements ; et cependant il ne dépassait jamais la dose
de trente-six gouttes par jour de sa liqueur, ce qui équivaut à un peu moins de 2 centigrammes.

Boudin laissa bien loin les succès obtenus par ses prédécesseurs. Sur quatre mille cinq cents à cinq mille malades qu'il eut à traiter, soit à l'hôpital de Marseille, soit à l'hôpital de Versailles, pour des fièvres intermittentes de toute nature, à type quotidien, tierce et quarte, tous guérirent. Sur un aussi grand nombre de malades, il n'eut pas un seul insuccès, et la plupart de ses fiévreux guérirent après la première dose (3 à 5 centigrammes) d'acide arsénieux.

Ses élèves marchèrent sur ses traces. Maillot, sur soixante-dix-sept cas, obtint les résultats suivants :

> 38 n'ont plus eu d'accès après la première dose.
> 31 ont eu 1 accès.
> 7 ont eu 2 accès.
> 1 a eu plusieurs accès.

Total.. 77 succès et pas un insuccès.

Sistach n'est pas moins heureux ; sur cent quarante-trois malades, il obtint cent quarante-trois guérisons ainsi réparties :

	N'ont pas eu d'accès après la première dose.	Ont eu 1 accès.	Ont eu 2 accès.	Ont eu 1 accès.
Fièvres quotidiennes...	48	13	17	13	5
— tierces	92	23	56	12	1
— doubles-tierces.	3	0	2	1	0

D'après Mazières (1), qui donne d'emblée 0,05 d'acide arsénieux, sur quinze fièvres quotidiennes, douze guérisons à la première dose, trois insuccès.

> 25 fièvres tierces................. 25 guérisons.
> 9 fièvres quartes.... .. .. 7 guérisons.
> 1 guérison incomplète.
> 1 insuccès.

(1) *Bulletin de thérapeutique*, 1850, t. XXXVIII, p. 36.

D'autres expérimentateurs, quoique moins heureux, obtiennent encore des succès fort remarquables.

Girbal et Fuster obtiennent les résultats suivants :

Sur 20 fièvres quotidiennes.................... 7 guérisons.
    13 fièvres tierces........................ 8
    18 fièvres quartes...................... 12

Total. 51 malades........................ 27 guérisons.

Millet, de Tours (1), qui donnait l'acide arsénieux à la dose de **3** à **4** centigrammes, public la statistique suivante :

Sur 286 fièvres quotidiennes. 251 guérisons. 35 insuccès. 14 rechutes.
    91 fièvres tierces..... 83 — 8 —
    17 fièvres quartes..... 8 — 9 —

Il ne faudrait pas se laisser éblouir par ces statistiques vraiment merveilleuses. Déjà nous avons vu que d'autres observateurs avaient été moins heureux, quoique le médicament ait été administré avec toutes les précautions voulues et d'après les règles formulées par M. Boudin lui-même.

Comment expliquer d'aussi grandes différences dans les résultats? C'est ce que nous allons examiner.

Et d'abord, la nature même des fièvres que Boudin avait à soigner, devait favoriser singulièrement les succès. En effet, ses malades avaient tous ou presque tous contracté leurs fièvres en Algérie, et c'est à Marseille et à Versailles que Boudin leur donnait des soins, c'est-à-dire loin du foyer d'infection ; or, tout le monde sait avec quelle facilité les fièvres d'accès, même les plus graves, disparaissent par le simple fait du changement de lieu. Les fièvres intermittentes d'Afrique perdent, par suite du transport des malades en France, le caractère de gravité qu'elles ont d'habitude

____

(1) *De l'emploi thérapeutique des préparations arsenicales*, 1865.

sur le territoire algérien, et rentrent dès lors dans la catégorie des fièvres indigènes qui ont bien moins de ténacité. M. Laveran, professeur au Val-de-Grâce, ayant eu occasion d'étudier et de soigner des fièvres d'accès en Afrique, a noté (1) que 88 malades traités en plein foyer d'infection, n'ont cependant, par aucun traitement et par suite de leur simple transport à l'hôpital, présenté que 235 accès, c'est-à-dire une moyenne de 2,67 accès. Si l'expectation simple peut déjà donner un semblable résultat dans le pays même où la fièvre a été contractée, à quoi ne doit-on pas s'attendre lorsque les malades sont considérablement éloignés du foyer paludéen, comme l'étaient les malades que soignait Boudin à Marseille ou à Versailles; aussi sommes-nous convaincu qu'un grand nombre de ces malades eussent guéri tout aussi bien par l'expectation simple, que par l'acide arsénieux.

En second lieu, Boudin commençait invariablement le traitement par l'administration d'un éméto-cathartique; or, c'est un fait aujourd'hui démontré, qu'un simple vomitif suffit dans bien des cas pour couper un accès de fièvre. On en fait tous les jours l'expérience dans les hôpitaux de Paris, et pour notre compte, nous avons vu bien souvent des fièvres, même de celles contractées en Afrique, céder lorsque l'embarras gastrique avait été combattu par un vomitif.

Enfin, il n'est pas jusqu'au régime institué par Boudin, concurremment avec le traitement, qui ne puisse, en modifiant profondément la nutrition, favoriser singulièrement les succès de l'acide arsénieux.

Que lorsqu'un médicament a fait ses preuves et a pris définitivement sa place dans la thérapeutique, comme le sulfate

(1) *Gazette médicale* de 1856.

de quinine, on s'entoure de toutes les précautions possibles pour favoriser son action, rien de mieux ; mais lorsque l'on veut expérimenter un nouveau médicament, et apprécier au juste sa valeur, on doit, au contraire, écarter avec soin tout ce qui peut, de près ou de loin, influencer son mode d'action, sans quoi l'on ne sait plus quelle est la part qui lui revient dans les guérisons obtenues, et l'on s'expose à trouver des propriétés médicamenteuses dans les substances les plus inertes.

C'est pour n'avoir pas tenu compte de ces règles, que l'on a successivement découvert tant de succédanés au quinquina, depuis le chlorhydrate d'ammoniaque et la salicine jusqu'au sel marin, etc., etc., dont une expérimentation plus rigoureuse a fait promptement justice.

Si donc, des cas de guérison obtenus par M. Boudin nous éliminons ceux qui auraient été obtenus par l'expectation simple ou par l'administration d'un éméto-cathartique, nous diminuerons considérablement l'actif de l'acide arsénieux, et nous arriverons à formuler des conclusions tout autres que celles de M. Boudin et ses élèves. Ceux-ci, en effet, enthousiasmés par leurs propres succès, n'ont pas craint de placer l'acide arsénieux au premier rang des fébrifuges, laissant bien loin derrière lui le sulfate de quinine devenu aujourd'hui complétement inutile dans le traitement des fièvres intermittentes.

Quant à nous, nous croyons que les propriétés fébrifuges de l'arsenic sont parfaitement démontrées par les nombreuses observations émanées de tant de sources différentes ; mais ces propriétés sont loin d'être aussi puissantes que celles du quinquina, qui reste, malgré tout, le roi des fébrifuges.

Quoique nos expériences personnelles ne soient pas très-nombreuses, nous pouvons dire cependant, que dans bon nombre de cas où nous avons vu employer l'acide arsénieux comme fébrifuge, il nous a été donné de constater un chiffre relativement considérable d'insuccès. Tout récemment encore, nous l'avons employé avec l'insuccès le plus complet chez trois malades entrés à l'hôpital Lariboisière, dans le service de M. le docteur Xavier Richard, et chez lesquels notre excellent maître voulut bien nous autoriser à expérimenter l'acide arsénieux.

Le premier de ces malades, ancien soldat de l'armée d'Afrique, d'une forte constitution, avait contracté en Algérie des accès intermittents à type tierce; et au moment de son entrée à l'hôpital il en était à sa troisième récidive. L'embarras gastrique, très-prononcé, fut d'abord combattu par un éméto-cathartique, et ce n'est que lorsque le malade a eu sous nos yeux deux accès de fièvre bien constatés, que nous avons commencé le traitement par l'acide arsénieux donné en granules, à dose fractionnée, et jusqu'à 2 centigrammes. Nous n'avons pas voulu dépasser cette dose. Trois nouveaux accès se reproduisirent, et nullement modifiés par le traitement arsenical. Nous en revînmes alors au sulfate de quinine, qui ne réussit à débarrasser le malade de son accès qu'au bout de dix jours.

. Nous avons employé aussi l'acide arsénieux chez une femme entrée à l'hôpital (service de M. Richard), pour un rhumatisme articulaire subaigu, et dont elle était guérie, lorsqu'elle contracta dans les salles des accès de fièvre quotidienne, revenant chaque jour à dix heures du soir, et parfaitement caractérisés par les trois stades de *frisson, chaleur* et *sueur*. Après quatre accès, voyant que ceux-ci n'avaient aucune tendance à disparaître seuls, nous donnâmes 18 milligrammes d'acide arsénieux en granules et à doses fractionnées. Les accès persistèrent pendant cinq jours comme avant le traitement ; le sixième jour, nous donnons le sulfate de quinine, qui, à la deuxième dose, fit disparaître complétement les accès.

Voilà donc deux insuccès complets de l'acide arsénieux, dans une fièvre tierce et dans une fièvre quotidienne, et cependant les malades avaient été mis dans les conditions hygiéniques recommandées par **M.** Boudin, régime substantiel abondant, et vin. Je sais bien que deux objections peuvent être faites sous le rapport de la dose trop minime, si on la compare aux doses énormes administrées par **M.** Boudin et ses élèves, et sous le rapport de la forme solide sous laquelle le médicament a été administré.

En ce qui concerne la dose, nous nous sommes déjà expliqué à cet égard. Nous ne croyons pas qu'il soit prudent, ni légitime, d'atteindre des doses exagérées capables de produire des accidents comme ceux décrits par **M.** Girbal, et pouvant même entraîner la mort. Si l'acide arsénieux ne devait guérir les fièvres qu'à la condition d'être donné à dose presque toxique, nous n'hésiterions pas à le proscrire, et nous aurions toujours la faiblesse de lui préférer la quinine qui n'expose à aucun accident, et qui, selon nous, est un fébrifuge beaucoup plus certain. Mais heureusement il n'en est pas ainsi, et nous avons pu nous convaincre qu'un certain nombre de fièvres avaient guéri sans qu'il ait été nécessaire d'atteindre les doses fabuleuses recommandées par certains auteurs.

Quant à la forme solide du médicament, nous ne partageons pas l'avis de **M.** Boudin : nous croyons que le médicament agit de même, qu'on le prenne en solution ou à l'état solide.

D'ailleurs, chez notre troisième malade, c'est la liqueur de Fowler qui fut administrée, et comme dans les deux autres cas, avec l'insuccès le plus complet.

Il s'agit d'un homme de vingt-huit ans, fort et robuste, ayant fait les campagnes du Mexique, et qui à son retour fut pris l'année dernière d'une fièvre intermittente tierce, pour laquelle il fut traité à Lille, à l'hôpital Saint-André, et dont il guérit parfaitement à l'aide du sulfate de quinine. Repris l'année suivante des mêmes accidents, il entra à l'hôpital Lariboisière, dans le service de M. X. Richard. Après avoir administré un éméto-cathartique, et attendu l'apparition de deux nouveaux accès, le traitement arsenical fut commencé à l'aide de la liqueur de Fowler, à la dose de 24 gouttes par jour. Trois accès se reproduisirent sans aucune amélioration, le dernier seul fut retardé d'un jour, mais il se montra tout aussi intense que les autres. Des signes d'intolérance, tels que nausées, vomissements, coliques, diarrhée, s'étant déclarés, on dut renoncer à donner la liqueur de Fowler que l'on remplaça par le sulfate de quinine. Deux accès seulement se reproduisirent, et quinze jours plus tard le malade quittait l'hôpital complétement guéri.

Pour nous, la véritable cause de ces trois insuccès doit être recherchée non pas dans la forme solide ou liquide du médicament, mais bien dans l'intensité de la maladie, et dans la précaution que nous avons prise d'attendre, pour commencer le traitement, que les malades aient eu sous nos yeux plusieurs accès de fièvre, et de ne donner l'acide arsénieux que lorsque nous avons été certain que les accès n'avaient aucune tendance à guérir seuls. Sans cette précaution, nous nous exposions à commettre à notre tour des erreurs en faveur de l'acide arsénieux, car dans le même moment se trouvaient dans les salles de M. X. Richard, à l'hôpital Lariboisière, un certain nombre de fièvres intermittentes, qui guérirent seules, par l'expectation simple ou par l'emploi d'un éméto-cathartique, lorsque celui-ci était indiqué par l'état saburral des voies digestives.

Nous sommes bien convaincu que c'est pour n'avoir pas été aussi rigoureux, que l'on a pu obtenir les résultats merveilleux publiés par MM. Boudin, Maillot, Masselot et autres.

Malgré que les propriétés fébrifuges de l'acide arsénieux aient été singulièrement exagérées, nous ne les croyons pas moins réelles. Mais loin de placer ce médicament au-dessus du sulfate de quinine, nous le considérons comme lui étant de beaucoup inférieur, et ne conseillerons son emploi que dans les deux circonstances suivantes :

1° Impossibilité absolue, pour une cause ou pour une autre, de se procurer du sulfate de quinine ;

2° Impuissance bien constatée du sulfate de quinine.

A l'exception de ces deux cas bien définis, c'est toujours au sulfate de quinine que nous conseillerons d'avoir recours.

Fièvres pernicieuses. — Dans les fièvres pernicieuses, nous serons plus explicite encore, car nous en rejetterons complétement l'emploi, malgré les quelques cas de guérison cités par les ardents partisans de l'arsenic.

La maladie est trop grave, les jours du malade sont trop immédiatement menacés, pour qu'un médecin consciencieux tente l'emploi de l'arsenic dont l'action, souvent infidèle, est toujours très-lente, lorsqu'on a sous la main un médicament dont l'efficacité est aussi incontestable et l'action aussi rapide que le sulfate de quinine.

Aussi ne saurions-nous partager l'opinion de M. Ch. Isnard, qui dit ceci dans les conclusions d'un mémoire sur l'emploi de l'acide arsénieux dans les fièvres intermittentes(1) : « L'arsenic conserve son efficacité dans les fièvres intermittentes pernicieuses, comme dans les manifestations bénignes de l'affection palustre. Il agit à la fois avec *sûreté*, *promptitude* et *innocuité*.

» On sera autorisé à employer l'arsenic seul ou avec son congénère (le quinquina) : 1° Lorsque la maladie est positivement devenue rebelle au quinquina ; 2° lorsque le médecin, appelé trop tard pour donner ce dernier avec efficacité, devra se replier sur des agents, moins usités, sans doute, mais doués d'une rapidité d'action incontestablement plus grande. »

S'il en était ainsi, si l'arsenic agissait avec cette sûreté, cette promptitude, si sa rapidité d'action était incontestablement plus grande que le sulfate de quinine, ce n'est pas seulement lorsque ce dernier a échoué, ou quand le médecin est appelé trop tard, qu'il faudrait l'employer, mais dans toutes les circonstances possibles, et sans perdre un temps précieux à donner le quinquina. Malheureusement cette sûreté et cette promptitude d'action n'existent pas, et nous persistons à croire que, jusqu'à ce jour, nul médicament n'a été découvert, qui doive être préféré au sulfate de quinine dans le traitement des fièvres pernicieuses.

Récidives. — Il n'est pas de maladie qui soit aussi sujette aux récidives que les fièvres intermittentes. Il semble que l'organisme, une première fois influencé par le miasme paludéen, se trouve par cela même prédisposé, dans la suite, à en recevoir plus facilement les atteintes. Alors même que les malades ont quitté depuis longtemps

(1) Ch. Isnard, *De l'acide arsénieux dans les fièvres pernicieuses* (*Union médicale*, 1865, t. XV).

le foyer d'infection, il suffit des causes les plus légères, souvent d'un simple écart de régime, pour ramener des accès que l'on croyait disparus complétement ; et tous les jours, dans les hôpitaux de Paris, on peut constater des rechutes chez d'anciens soldats d'Afrique, malgré qu'ils aient quitté depuis de longues années le territoire algérien, où ils avaient une première fois contracté leur mal.

Le sulfate de quinine, dont l'action est si merveilleuse contre l'accès même, est impuissant à empêcher d'une manière absolue les récidives de se produire. On rechercha donc si, parmi les succédanés de ce médicament, il ne s'en trouvait pas un qui pût posséder cette propriété de mettre à l'abri des récidives. On devait s'attendre à ce que les enthousiastes de l'acide arsénieux trouveraient dans ce médicament cette propriété si désirée. Ils n'y ont pas manqué.

Slevogt, qui administra l'arsenic depuis un demi-grain jusqu'à un grain à cinquante fiévreux, prétend que si on le donne à juste dose, à temps et prudemment, *la fièvre ne récidive jamais*, et que les malades n'en éprouvent consécutivement aucun effet fâcheux.

Boudin, après avoir annoncé que les accès intermittents disparaissent dès le premier jour de l'administration du médicament, et que rarement ils résistent au delà de la troisième ou quatrième prise, ajoute que les récidives sont aussi beaucoup moins fréquentes par cette médication que par la médication quinique.

Morganti et Millet (de Tours) se rangent à son opinion.

Les statistiques ne pouvaient non plus faire défaut.

Masselot (1), l'élève de Boudin, ayant comparé les réci-

---

(1) Masselot, *Archives générales de médecine*, 1846.

dives à la suite du sulfate de quinine, avec les récidives à la suite de l'acide arsénieux, arrive aux résultats suivants :

Sur 111 fièvr. interm. traitées par le sulf. de quinine, 14 récid., soit 12   0/0.
   311   —   —   l'acide arsénieux, 10   —   3,2 0/0

Ainsi, pour Masselot, les récidives seraient quatre fois moins fréquentes après le traitement par l'acide arsénieux qu'après le traitement par le sulfate de quinine.

D'après Fremy (1), les récidives seraient de 3 pour 100 avec l'arsenic, au lieu de 12 pour 100 avec le sulfate de quinine.

Nous craignons que le même esprit d'optimisme, qui a animé les auteurs des statistiques faites dans le but de démontrer la supériorité de l'arsenic sur le sulfate de quinine, ne les ait encore égarés à propos des récidives.

Girbal et Fuster, quoique grands partisans de l'acide arsénieux, ont trouvé que les récidives étaient tout aussi fréquentes avec ce médicament qu'avec le sulfate de quinine, et nous nous rangeons complétement à cette opinion, qui ne nous paraît avoir rien d'exagéré.

Mode d'action. — Les propriétés fébrifuges des préparations arsenicales étant bien constatées et admises, recherchons maintenant, en nous appuyant sur les données physiologiques, par quel mécanisme elles agissent dans le traitement des fièvres intermittentes.

Admettrons-nous l'explication de Lordat (de Montpellier), qui dit (2) à propos de l'emploi de l'arsenic dans les fièvres intermittentes : « L'arsenic me paraît agir comme un

(1) Fremy, *loc. cit.*
(2) *Journal de médecine* de Sédillot, t. XXIII, 1805.

» moyen perturbateur. L'impression profonde de ce venin
» doit déranger tout l'ordre des mouvements habituels
» d'une manière bien plus puissante que l'ivresse, les
» grands mouvements, les passions violentes, les moyens
» mécaniques, les métasyncritiques, que l'on met tous les
» jours en usage avec succès, lorsque la méthode spécifi-
» que n'est pas du goût du malade ou qu'elle est contre-
» indiquée. »

Cette opinion de l'un des plus ardents défenseurs de l'ani-
misme ne mérite guère d'être discutée, et il nous aura suffi,
pour la réfuter, d'avoir cité textuellement cette explication
peu intelligible, et qui d'ailleurs n'explique absolument rien.

Nous n'admettrons pas davantage la théorie des homœo-
pathes qui, partant de ce principe que l'acide arsénieux
était pyrétogène, ont déclaré qu'il devait guérir la fièvre,
similia similibus. Sans vouloir discuter ici la doctrine
hahnemannienne, nous ferons simplement observer que le
point de départ est absolument faux ; car l'acide arsénieux
(nous l'avons démontré dans la partie expérimentale de
ce travail) a des propriétés diamétralement opposées à
celles que lui supposaient Hahnemann et ses adeptes. Rien
n'est donc vrai dans la doctrine homœopathique, ni le point
de départ, ni le raisonnement.

Quant à nous, évitant de nous lancer dans des hypothèses
plus ou moins stériles, c'est par la physiologie que nous
chercherons à nous rendre compte de la façon dont agissent les médicaments antifébriles.

Et avant d'aller plus loin, disons tout d'abord ce que
nous entendons par le mot *fièvre.*

La fièvre, depuis Hippocrate jusqu'à nos jours, a donné
lieu à bien des définitions, et chacune de ces définitions
n'était pour ainsi dire que le reflet des doctrines médicales

régnantes. C'est ainsi que les anciens médecins, Hippocrate en tête, admettant dans leur doctrine humorale que
le corps est composé de quatre humeurs, le *sang*, la *bile*,
l'*atrabile* et la *pituite*, considèrent que la fièvre est déterminée par l'altération de l'une de ces humeurs.

Dans la collection des livres hippocratiques, nous ren-
controns les premières notions sur les fièvres que les médecins de Cos regardent comme une maladie très-commune,
accompagnant toutes les autres, et particulièrement l'inflammation. On y trouve la définition suivante :

Lorsque la bile ou la pituite s'échauffe, tout le corps
s'échauffe en même temps, c'est ce qu'on appelle la *fièvre*
(liv. I, *Des maladies*).

Plus loin (liv. IV, *Des maladies*), la fièvre naît de la bile,
de la pituite et du sang, qui sont très-chauds. En plusieurs
endroits, Hippocrate signale l'utilité de la fièvre comme
pouvant guérir d'autres affections.

Galien, allant plus loin encore qu'Hippocrate, admet que
la fièvre intermittente quotidienne est due à la corruption
de la pituite, la fièvre tierce à celle de la bile, la fièvre
quarte à celle de l'atrabile.

Pour les pneumatiques, c'est l'air renfermé dans le corps
qui est la cause de toutes les fièvres. Érasistrate, admettant que les artères renferment de l'air et les veines du
sang, et que ces deux vaisseaux se touchent par leurs em-
bouchures, pense que la santé subsiste tant que les choses
demeurent dans cet état. Mais, qu'une cause quelconque
vienne à pousser le sang des veines dans les artères, de façon qu'il s'y heurte contre l'air qui vient du cœur, alors,
c'est la fièvre.

Pour F. Hoffmann, la fièvre n'est autre chose qu'une excitation des vaisseaux.

Stahl, le chef de l'école animiste, plaçant dans l'économie un agent bienfaisant chargé de surveiller tous les actes intimes, a considéré la fièvre comme une réaction salutaire de la nature contre le mal.

« J'ai avancé, dit-il, comme un grand paradoxe, que non-seulement la fièvre, en général, est produite par une utile intention de la nature, ce que d'autres ont reconnu avant moi, mais encore que tous ces phénomènes qui, du consentement des autres médecins, sont regardés comme purement morbides, et où des écoles modernes voient des effets directement mécaniques de la matière morbide, sont des actes positifs de la nature qu'elle destine à une fin salutaire, et qu'elle proportionne, par le moyen des organes, à l'expulsion des matières nuisibles. »

Si l'on admettait une pareille doctrine de l'école animiste, on arriverait fatalement à cette conclusion absurde, que loin de chercher à guérir la fièvre, il faut, au contraire, la favoriser autant que possible, afin de favoriser, en même temps, cette réaction salutaire de la nature contre le principe morbide.

Les classiques modernes ont défini la fièvre par ses symptômes, et ils ont dit qu'elle était caractérisée par une chaleur contre nature de la peau, et une accélération dans les battements du pouls, avec un sentiment de malaise.

Cette définition, pas plus que les précédentes, ne saurait nous satisfaire, et nous admettrons avec le professeur Sée que la fièvre n'est pas autre chose que l'exagération des phénomènes normaux :

1° Augmentation des oxydations, caractérisée par l'augmentation de la température, et l'augmentation de la production de l'urée;

2° Accélération de la respiration;

3° Accélération du pouls.

Or, que se passe-t-il dans la fièvre intermittente? Dans la première période, le phénomène qui domine tous les autres, et qui se montre bien avant le frisson, c'est l'augmentation de la température et de l'urée. Il y a aussi augmentation de tous les sels, excepté des chlorures. Puis apparaît le frisson qui caractérise cette période.

Ce frisson dépend-il d'un refroidissement à la périphérie? Non, car le thermomètre accuse que la température est au contraire augmentée. Il est probable qu'il faut le rattacher à une impression douloureuse, produite sur les nerfs de la périphérie, par l'augmentation de la température du corps.

Pendant cette période, le cœur bat plus vite, les muscles et les nerfs respirateurs sont aussi excités, et la respiration devient difficile, anxieuse.

Dans la période de chaleur, on a une détente des vaisseaux, mais la température n'est pas sensiblement plus élevée que dans la période de frisson.

Enfin, dans la troisième période, la sueur, qui est le principal régulateur de la température, va emporter l'excès de chaleur qui reste encore, et cette dernière période passée, tout rentrera dans l'ordre. Mais le malade n'est pas pour cela guéri; il est soumis encore à l'intoxication paludéenne, et aux lésions qui en sont la conséquence.

Dans les fièvres intermittentes simples, dit **M.** le professeur Sée (*loc. cit.*), il y a quatre choses à considérer: 1° un élément toxique, le miasme paludéen, cela est incontestable; 2° une lésion qui s'observe surtout du côté de la rate que l'on a considérée comme le lieu d'élection du miasme paludéen. Les lésions dont la rate peut être le siége consistent en une augmentation parfois considérable de son volume, occasionnée par une stase du sang dans le parenchyme même de l'organe, et que l'on a attribuée, à tort ou à raison, à la paralysie des nerfs spléniques. Cette augmentation de volume est ordinairement en rapport avec le nombre des accès antérieurs, cependant deux ou trois accès de fièvre quarte suffisent souvent pour produire une hypertrophie considérable de la rate, et même chez les enfants, on l'a vue se montrer bien avant que les accès de fièvre se soient déclarés. Mais indépendamment de l'augmentation de volume, la rate est encore le siége d'une autre altération, qui consiste en une pigmentation de son tissu. Les globules rouges se débarrassent dans le parenchyme de la rate de leur partie pigmentaire, qui, reprise par la circulation générale, donne cette teinte bronzée spéciale aux gens soumis à l'influence de l'impaludisme.

D'un autre côté, par suite de la stase sanguine, il y a aussi arrêt de formation des globules blancs. Donc, destruction des globules rouges d'une part, et arrêt de formation des globules blancs d'autre part, tels sont les deux phénomènes qui marchent parallèlement dans cette altération de la rate, et qui expliquent la fréquence si grande de la leucocythémie, chez les gens atteints de la cachexie paludéenne.

3° On admet encore dans les fièvres intermittentes simples un élément intermittent, ce qui ne peut être nié par personne, et enfin 4° la fièvre.

Avant d'étudier le mode d'action de l'arsenic dans la fièvre, il nous paraît intéressant de rechercher de quelle façon agit le type des médicaments antifébriles, le sulfate de quinine ; nous pourrons ainsi établir entre les deux médicaments un parallèle qui montrera leurs points de contact.

Comment peut agir le sulfate de quinine? Est-ce en détruisant le poison, le miasme paludéen? Non, il est incapable de produire un semblable effet; de plus, il est complétement impuissant contre la cachexie paludéenne. On sait que c'est le quinquina qui agit dans ce cas. Le sulfate de quinine agit-il en diminuant le volume de la rate? Pas davantage. La strychnine n'a-t-elle pas cette propriété à un haut degré, et cependant elle n'est pas fébrifuge.

Le sulfate de quinine n'agit pas non plus contre l'élément intermittent. C'est donc ailleurs que nous devons rechercher le mode d'action du sulfate de quinine dans les fièvres intermittentes.

Toutes les fois, dit le professeur Sée (*loc. cit.*), qu'un médicament produit une modification de la température, on verra se produire dans le même sens une modification de l'excitabilité. S'il y a augmentation de la température, l'excitabilité sera augmentée; s'il y a abaissement de la température, l'excitabilité sera diminuée.

Or, le sulfate de quinine produit un abaissement de température, il produira donc en même temps une diminution de l'excitabilité des nerfs du cœur qui battra plus lentement. Le pouls tombe, en effet, très-rapidement de 10, 15 ou 20 pulsations.

Cet effet pourrait s'expliquer : soit par une excitation des nerfs pneumogastriques, soit par une diminution de l'excitabilité des ganglions intra-cardiaques. Or, les expériences physiologiques démontrent que c'est de cette dernière façon qu'agit le sulfate de quinine.

Le sulfate de quinine a, en outre, la propriété de diminuer la pression intra-vasculaire qui, dans la fièvre, est augmentée. Cette diminution de la pression intra-vasculaire par le sulfate de quinine, indiquée par M. le professeur Sée, a été vérifiée depuis par les expériences sur les animaux faites par M. le docteur Meuriot.

Toute l'action du sulfate de quinine peut donc se résumer dans les quatre propriétés suivantes :

1° Abaissement d'une manière très-nette de la température ;

2° Diminution des oxydations ;

3° Diminution du nombre des battements du cœur ;

4° Diminution de la pression intra-vasculaire.

Or, nous savons que dans la fièvre intermittente simple, le premier phénomène que l'on observe, c'est une augmentation dans la température, augmentation parfois considérable, allant ordinairement de 37°,5 à 40 degrés, se montrant avant même que le frisson se soit déclaré, et persistant pendant toute la durée de cette période. De ce côté, il y a donc un antagonisme parfait entre le sulfate de quinine et la fièvre intermittente.

De plus, pendant cette période de la fièvre, il y a une augmentation très-grande de la pression intra-vasculaire. Or, le sulfate de quinine agit précisément en sens inverse, en faisant baisser cette pression.

La déduction pratique que l'on peut tirer de cette double propriété du sulfate de quinine, est donc qu'il a le pouvoir dans toutes les fièvres, quelle que soit leur nature, de diminuer l'intensité du frisson et la durée de cette période de frisson.

Dans la période de chaleur, le sulfate de quinine se comportera encore de la même façon.

Dans cette période, plus encore que dans la période de frisson, l'élément principal est l'augmentation de la température. Nous savons que cette température est diminuée par le sulfate de quinine.

Si nous rapprochons les propriétés de l'acide arsénieux de celles du sulfate de quinine, nous trouverons entre ces deux médicaments une grande analogie. En effet, de même que le sulfate de quinine, l'arsenic, bien qu'à un degré moindre, produit de l'abaissement de la température ; il diminue les oxydations, nous l'avons démontré dans la partie physiologique de cette thèse.

Son action se rapproche donc de celle du sulfate de quinine, et il doit ses propriétés thérapeutiques dans les fièvres, à ses effets bien constatés sur les oxydations. Mais il ne jouit pas, comme le sulfate de quinine, de la propriété de diminuer aussi nettement les battements du cœur et de faire baisser la pression intra-vasculaire; aussi sa puissance physiologique est-elle bien inférieure à celle du sulfate de quinine, et son action thérapeutique sera-t-elle également beaucoup moindre : c'est ce qui nous explique son infériorité dans la médication des fièvres.

Aussi, bien que l'arsenic ait un mode d'action comparable à celui du sulfate de quinine, il ne faudrait pas tenter son emploi dans les fièvres pernicieuses à cause de son action moins sûre et beaucoup plus lente, en présence du danger prochain qui menace le malade. Dans ces cas, il faut agir promptement, et nul médicament ne peut remplacer le sulfate de quinine. Il ne faut même pas attendre la fin de l'accès pour le donner, on doit aller le plus vite possible, et se rappeler qu'il y a une grande tolérance pour le médicament. On le donnera même pendant l'accès et l'on recommencera immédiatement après, pour être sûr que l'une des doses au moins sera absorbée.

Mais une difficulté se présente dans la forme algide, où, comme on le sait, l'absorption est, pour ainsi dire, nulle. Il ne faudrait cependant pas se laisser arrêter par cette considération ; on doit encore donner le médicament, et le plus promptement possible, parce que, si un moment de sueur se montre, immédiatement l'absorption se fait, parfois même d'une façon si rapide, que si la dose a été donnée trop forte, le malade peut mourir empoisonné.

Dans la cachexie paludéenne, le sulfate de quinine cède, comme on le sait, la place au quinquina ; ce dernier médicament peut néanmoins trouver un succédané dans l'arsenic, qui par son action bienfaisante sur la nutrition, ses effets d'excitation sur l'appétit et la digestion stomacale peut ici trouver également son emploi.

En résumé, contre les fièvres intermittentes, le premier médicament, sans contredit, c'est le sulfate de quinine ; en second lieu vient l'arsenic, dont l'usage est tombé à tort en désuétude, à cause des exagérations dont il a été le sujet. Mais son emploi doit être réservé pour combattre des fièvres intermittentes simples, et même, dans certains cas, la cachexie paludéenne.

II. — Emploi de l'arsenic dans la phthisie pulmonaire et l'asthme.

1° *Phthisie pulmonaire.* — Un des plus grands griefs reprochés autrefois à l'arsenic, était d'engendrer la phthisie, et Hahnemann, se fondant sur certains accidents éprouvés par les mineurs de la Styrie (accidents qu'il prenait pour de la phthisie), considéra ce médicament comme phthisiogène ; aussi, fidèle à ses principes, ne manqua-t-il pas de l'appliquer dans le traitement de la phthisie.

Examinons donc tout d'abord si l'arsenic mérite ce reproche qu'on lui a fait. Les ouvriers des mines de la Styrie sont, en effet, sujets à une sorte d'amaigrissement parfois accompagné de toux ; il n'en fallait pas davantage à Hahnemann, qui ignorait l'auscultation, pour regarder comme phthisiques, les ouvriers qui présentaient de tels symptômes. Mais nous savons aujourd'hui que l'usage prolongé de l'arsenic conduit à la cachexie arsenicale, à l'*arsenicisme*, qui s'accompagne d'un amaigrissement très-prononcé, par suite de la dégénérescence du foie, des reins, etc. Or, les ouvriers des minerais arsénifères n'éprouvaient pas autre chose que cet amaigrissement cachectique. Ils devenaient *cachectiques*, mais non *phthisiques*.

Les mêmes ouvriers sont encore sujets à une maladie analogue à celle que l'on a appelée la *phthisie des rémouleurs*, commune à tous les gens qui respirent les poussières métalliques ; celles-ci, arrivant au contact de la muqueuse bronchique, y déterminent par leur simple présence une irritation des bronches se traduisant par de la toux et le crachement noir. L'arsenic n'agit, dans ces cas, que par son contact, et non par ses propriétés toxiques, et se rapproche ainsi de toutes les autres poussières métalliques. Tout le monde sait d'ailleurs que cette phthisie des rémouleurs n'a rien de commun avec la phthisie tuberculeuse. On ne saurait donc être en droit de dire que l'arsenic est capable d'engendrer la phthisie.

Girdlestone, loin de le considérer comme phthisiogène, lui attribue au contraire la propriété d'empêcher le développement de cette maladie chez les sujets qui y sont prédisposés par leurs antécédents.

Quoi qu'il en soit, l'arsenic a été beaucoup employé dans la phthisie par Bretonneau, Trousseau, Garin (1), Sandras,

(1) Garin, *Annales de thérapeutique*, 1850.

Massart (1), Isnart, Cahen, et dernièrement encore, notre excellent maître, M. Moutard-Martin, dans un remarquable mémoire inédit lu à l'Académie de médecine (janvier 1868), attirait de nouveau l'attention des médecins sur cette méthode de traitement de la phthisie, en s'appuyant sur les résultats qu'il avait obtenus sur ses malades de l'hôpital et sur ceux de la ville.

L'arsenic peut être donné sous toutes les formes, granules, solutions, ou cigarettes à l'arséniate de soude fort préconisées par Trousseau dans ces dernières années, et qu'il employait concurremment avec la médication interne. M. Moutard-Martin préfère les granules de Dioscoride de 1 milligramme chacun, dont il fait prendre à ses malades de 8 à 15 dans les 24 heures, à doses réfractées. De cette façon, il n'a jamais vu se manifester de signes d'intolérance, et il a pu continuer fort longtemps l'usage de l'arsenic sur ses malades, sans qu'il se soit jamais déclaré aucun accident.

Quelle que soit la forme adoptée, les premiers effets obtenus chez les phthisiques que l'on soumet à la médication arsenicale sont : le retour de l'appétit, des forces et d'un embonpoint relatif. La dyspnée est moins considérable, la toux moins fatigante, et l'expulsion des crachats plus facile. En un mot, la nutrition se faisant mieux, l'état général devient meilleur, le teint paraît plus clair, et perd cet aspect terreux si fréquent chez les phthisiques.

Mais que devient l'état local, le tubercule ? Pendant longtemps on a cru que l'arsenic était sans influence sur lui, et MM. Trousseau et Pidoux (2) disent dans la dernière

(1) Massart, *Bulletin de thérapeutique*, 1852.
(2) Trousseau et Pidoux, *Traité de thérapeutique*, 1862.

édition de leur *Traité de thérapeutique :* « Chez les phthisiques, nous avons obtenu non pas des guérisons, mais tout
au moins une suspension fort extraordinaire dans une maladie dont rien ne retarde la marche fatale. Nous avons vu
la diarrhée se modérer, la fièvre hectique diminuer, la toux
devenir moins fréquente, l'expectoration prendre un meilleur caractère, mais *nous n'avons pas guéri.* De nouveaux
tubercules se formaient et se ramollissaient, et la mort
venait plus tard, il est vrai ; mais elle venait inévitable,
comme toujours. » Cependant M. Moutard-Martin (*loc. cit.*)
cite, dans son intéressant mémoire, des observations dans
lesquelles, en même temps que l'amélioration générale, il y
eut diminution et même disparition de quelques signes locaux, sans cependant qu'il y ait action directe sur le tubercule. « Ce n'est pas, dit M. Moutard-Martin, le tubercule
lui-même qui se modifie et disparaît, c'est l'engorgement,
la pneumonie chronique qui entoure les cavernes, dont la
disparition se traduit par la modification des symptômes
fournis par la percussion et l'auscultation.» Nous nous ex-
pliquons difficilement cette action de l'arsenic sur la pneumonie chronique des tuberculeux ; nous croyons qu'il est
plus rationnel de mettre la disparition de ces pneumonies
sur le compte de la marche naturelle de la maladie, heureusement influencée par le changement d'hygiène chez les
malades qui entrent à l'hôpital, après avoir été soumis chez
eux à toutes les privations.

Chez les phthisiques avec fièvre, les résultats obtenus sont
loin d'avoir été aussi satisfaisants; c'est qu'en effet, l'état
général n'est ici que le reflet d'un état local très-avancé
contre lequel toute médication est bien impuissante. Cependant on a vu parfois la fièvre s'apaiser, la peau perdre de
sa chaleur, la diarrhée cesser et le malade obtenir un cer-

tain soulagement dont la durée n'était d'ailleurs que passa-
gére.

M. Niederkomm, élève du service de M. Hérard à l'hôpital Lariboisière, a pris avec un soin tout particulier la
température et le pouls d'un grand nombre de phthisiques
soumis au traitement arsenical. Le pouls et la température
étaient pris deux fois par jour, à huit heures du matin et à
cinq heures du soir, et sur les tableaux des courbes que
M. Niederkomm a dressés à ce sujet, et qu'il a bien voulu
nous communiquer, nous avons pu constater que dans un
grand nombre de cas, s'étaient produits, à la suite de l'administration de l'arsenic, un abaissement de la température
allant de quelques diziémes de degré à 1 degré, et une
diminution de la fréquence du pouls, ce qui prouve évidemment une certaine amélioration dans l'état général ; mais
les tubercules suivant leur marche envahissante, finissaient
bientôt par emporter le malade, malgré le soulagement
passager qu'il avait éprouvé.

L'action de l'arsenic dans la phthisie pulmonaire nous
semble facile à expliquer par ses propriétés physiologiques.
Il agirait comme reconstituant, d'une part, en excitant les
fonctions stomacales, et d'autre part en enrayant le mouvement de dénutrition toujours si rapide chez les phthisiques.
On retrouve ici le même mécanisme que dans les fièvres,
et celle à laquelle sont sujets les phthisiques paraît heureusement influencée par ce médicament, dont un des principaux effets physiologiques est d'abaisser la température.
Quant à son action sur l'état local, tubercule ou pneumonie, nous la considérons comme nulle, ou tout au moins
comme très-douteuse. Peut-être qu'en diminuant le besoin
de respirer, l'arsenic procure-t-il aux poumons un repos
favorable.

2° *Asthme*. — Déjà Dioscoride faisait respirer aux asthmatiques un mélange d'orpiment et de résine. Lanjius, d'après Murray (*Apparat. méd.*, t. III), nous apprend que l'arsenic blanc était employé dès les temps les plus reculés contre l'asthme, dans la Dacie et la Pannonie.

De nos jours, c'est surtout M. Trousseau qui a popularisé l'emploi des cigarettes à l'arséniate de soude ou à l'arsénite de potasse, dans le traitement de l'asthme.

L'usage des cigarettes arsenicales aurait une action favorable non-seulement sur l'accès d'asthme en lui-même, mais encore en prolongeant longtemps leur emploi, on pourrait éloigner le retour de ces accès.

L'influence si remarquable de l'arsenic sur la respiration, les effets si curieux obtenus par les montagnards de la Styrie et les chasseurs de chamois qui mangent de l'arsenic, pour faciliter leur respiration dans les courses qu'ils font à travers les montagnes, nous rendent compte des succès que l'on a obtenus dans le traitement de l'asthme par la médication arsenicale.

L'arsenic ne borne pas son action sur les organes thoraciques à faciliter la respiration; mais en s'éliminant, ainsi que nous l'avons vu plus haut, par la muqueuse pulmonaire, il produit sur elle d'heureuses modifications qui l'ont fait employer dans le traitement de la bronchite chronique; c'est aussi à son élimination par les poumons que M. Sée (1) rattache les heureux effets de l'arsenic dans l'asthme ou dans le catarrhe sec de Laennec, en modifiant la consistance des exsudats bronchiques. M. Trousseau a aussi employé avec succès les cigarettes arsenicales contre l'aphonie nerveuse.

(1) Sée, article ASTHME, p. 725, du *Dictionnaire de méd. et de chir. pratiques*.

III. — Emploi de l'arsenic dans les dermatoses.

L'arsenic est aujourd'hui l'un des médicaments les plus actifs employés contre les maladies de la peau. Girdlestone (1), Willan, Pearson, avaient depuis longtemps signalé en Angleterre son action remarquable sur les manifestations cutanées. Biett fit connaître en France les résultats obtenus en Angleterre, et l'usage de l'arsenic en dermatologie se popularisa rapidement, grâce surtout à M. Cazenave. Aujourd'hui l'école de Saint-Louis, en désaccord sur tant de points de doctrine, reconnaît unanimement les propriétés thérapeutiques de l'acide arsénieux dans les affections cutanées, et MM. Cazenave, Rayer, Devergie, Hardy, Bazin, préconisent tous ce médicament.

Gibert est le seul qui ne partage pas la confiance de ses confrères. Il attribue en grande partie la puissance de l'arsenic aux modifications hygiéniques et aux moyens topiques employés concurremment. Il ajoute : « La rareté des succès obtenus par le seul emploi des préparations arsenicales, la fréquence des récidives observées à la suite de ces sortes de cures, doivent faire rabattre de l'efficacité attribuée par quelques praticiens à ce prétendu spécifique (2). » Mais les faits viennent pleinement démentir ces assertions, et tous les jours, à l'hôpital Saint-Louis, on peut constater les merveilleux effets des préparations arsenicales dans le traitement des dermatoses.

Les préparations arsenicales les plus employées sont la liqueur de Fowler à la dose de 5 à 12 gouttes par jour, la

(1) Thomas Girdlestone (*London medical and physic Journal*, février 1806).
(2) Gibert, *Bulletin de thérapeutique*, t. XXXVIII et XXXIX, 1850.

solution de Pearson à la dose de 1 à 2 grammes. M. Hardy
fait usage de la solution suivante :

Eau distillée...................... 250 gr.
Acide arsénieux ou arséniate de soude.. 5 à 10 centigr.

Une cuillerée à bouche dans les vingt-quatre heures ; au
bout de huit jours, on double la dose.

Toutes les formes des maladies de la peau ne paraissent
pas aussi favorablement influencées. Pour M. Bazin, on ne
guérit que les affections dartreuses par l'arsenic, qu'il proscrit du traitement des arthritides. « Avec l'arsenic, dit-il,
vous débarrassez le dartreux non-seulement de ses éruptions cutanées, mais encore de ses névralgies, de ses fièvres
intermittentes, de ses asthmes, etc. (1). » Pour M. Hardy,
l'arsenic guérit indistinctement toutes les maladies dartreuses de la peau.

M. le professeur Sée, quoique admettant que la maladie
guérira plus facilement si elle est d'un genre spécial,
comme le psoriasis par exemple, considère ce médicament
comme ayant une action favorable sur les maladies cutanées, quelle qu'en soit la nature.

On sait que les manifestations cutanées de la syphilis ont
été également traitées par l'arsenic ; mais quoique ici l'action de ce médicament ne soit pas douteuse, comme le
démontrent les recherches faites à l'étranger par Hering et
Bunsen surtout, on ne peut lui donner, dans aucun cas, la
préférence sur le mercure. L'Anglais Hunt a fait des expériences comparatives entre les deux médications mercurielle et arsenicale dans la syphilis, et son enquête s'est
terminée à l'avantage du mercure.

(1) *Leçons théoriques et cliniques sur les affections cutanées de nature
arthritique et dartreuse*, 1860.

Les maladies de la peau contre lesquelles l'arsenic paraît
avoir le plus d'action sont l'eczéma, le psoriasis, le lichen
inveterata, l'urticaire chronique. MM. Duchesne-Duparc
et Millet (de Tours) l'ont aussi employé avec succès contre
le pityriasis; il paraît au contraire sans action contre le
pemphigus, le lupus. Cependant, M. Devergie l'aurait employé avec succès dans cette dernière affection, ainsi que
dans l'éléphantiasis.

Il ne faudrait pas employer l'acide arsénieux indifférem-
ment à tous les degrés de l'eczéma. Dans les deux premières périodes, c'est l'élément inflammatoire qui domine,
et il faut le combattre par les applications topiques émollientes, cataplasmes de fécule, lotions émollientes, bains
amidonnés, et par des dérivatifs intestinaux, principalement les laxatifs doux. M. Hardy fait prendre à ses malades l'infusion de follicules de séné et de pensées sauva-
ges, que l'on peut remplacer, dans la classe aisée, par les
eaux minérales de Pulna, Kissing, Marienbad, etc., à la
dose de un ou deux verres chaque jour.

Dans ces deux périodes, l'arsenic serait beaucoup plus nui-
sible qu'utile; mais il trouve son indication dans la troisième
période, alors que l'inflammation a complétement disparu, et
que l'eczéma est caractérisé par l'état squameux de l'épiderme.

Dans les premiers jours qui suivent le traitement, on
observe d'abord un surcroît d'activité dans l'éruption. Les
plaques prennent une coloration d'un rouge plus vif, il
semble qu'il y ait une recrudescence de l'inflammation;
puis, en même temps que le centre guérit, les bords s'af-
faissent peu à peu, et au bout d'un temps variable, la guérison peut survenir, non définitive, car les maladies cutanées récidivent, on le sait, avec une étonnante facilité.

Le mode d'action de l'arsenic dans le psoriasis est à peu

près identique; ce médicament est le seul dont l'action soit incontestable contre cette maladie, extrêmement rebelle, et plus que toute autre sujette aux récidives. Nous avons vu plus haut que c'était surtout pendant le traitement toujours très-long du psoriasis, que se montraient de préférence les taches arsenicales d'un brun foncé, dont nous avons cité deux exemples.

Nous avons surabondamment démontré, dans la partie physiologique de ce travail, que l'arsenic s'éliminait par la peau, et c'est évidemment à cette élimination qu'il faut rattacher les modifications profondes éprouvées par tout le système cutané, et l'heureuse influence exercée par la médication arsenicale sur les diverses manifestations morbides dont la peau peut devenir le siége.

IV. — Emploi de l'arsenic dans la chorée.

Il existe peu de médications qui n'aient été essayées contre la chorée. Les antispasmodiques, les narcotiques, les toniques, les ferrugineux, les purgatifs, la strychnine, le tartre stibié, la gymnastique, etc., ont été successivement employés, et si dans quelques cas la guérison s'est montrée à la suite de l'une de ces médications, le plus souvent cette maladie rebelle a résisté à tous les médicaments.

L'emploi de l'arsenic dans la chorée remonte à Alexander, vers la fin du siècle dernier, qui, d'après Harless, aurait guéri une chorée épileptique.

Girdlestone l'employa aussi en 1806, mais cette médication est surtout connue depuis le fait consigné par

Martin (1), dans les *Transactions médico-chirurgicales* de Londres. Dans le même recueil paraissaient, à l'appui de ce mode de traitement, les observations de Salter (1819) et Gregory (1820). L'emploi de l'arsenic dans la chorée se généralisa rapidement en Angleterre, grâce aux travaux de Babington, Hugues, Begbie, Willschire (2), Stones, Graves, et surtout Pereira (3), et en Allemagne grâce à ceux de Basedow, Venus, Steinthal, Henoch et aux *Leçons cliniques* de Romberg (4). Reese l'employa également en Amérique.

Pendant toute cette période, l'arsenic ne fut pas usité en France dans le traitement de la chorée. C'est seulement depuis les publications de MM. Guersant père, Rayer, Aran, Gillette et Gellé, que cette médication se répandit parmi nous; et quelques observateurs même, frappés sans doute de quelques cas heureux, voulurent faire de ce médicament un spécifique de la chorée. Mais M. Germain Sée, dans un article sur le traitement de la chorée (5), s'élève avec force contre les exagérations qui ont été commises à ce propos. « Il est, dit-il, un autre remède dont l'utilité est aussi contestable que celle des substances précédemment énumérées : c'est l'arsenic, dont les premières applications à la chorée sont dues au docteur Thomas Martin, qui prescrivit ce poison en soluté alcoolique à la dose de 5 gouttes, trois fois par jour. Quelques exemples de succès ont ensuite été rapportés par M. Salter de Poole, Gregory, Maton, qui l'associa au musc, et par M. Reese (de New-York), qui

<hr>

(1) Th. Martin, *Transactions médico-chirurgicales*, 1813.
(2) Willschire, *Lancet*, juillet 1859.
(3) Pereira, *Matière médicale*.
(4) Romberg, *Leçons cliniques*, 1856.
(5) *Revue de thérapeutique médico-chirurgicale*, 1er novembre 1854, p. 566.

affirme avoir administré la solution de Fowler dans plus de
200 cas, sans avoir échoué une seule fois! De pareilles
exagérations portent leur condamnation avec elles. Il suffit
d'interroger les faits pour être fixé sur la valeur de ces
remèdes, dont le mérite principal semble consister dans la
difficulté ou le danger de leur application. Les seuls exemples détaillés que renferme la science, et qui ont été re-
cueillis par MM. Henoch et Romberg, sont loin de prouver
son innocuité, et moins encore ses vertus curatives ; car,
malgré toutes les précautions et tous les soins désirables,
il a fallu quatre à cinq mois pour arriver à la guérison.
Le doute est d'autant plus légitime que les observateurs
consciencieux ont été forcés de renoncer à son emploi,
après l'avoir vu produire des accidents sérieux, et échouer
cinq fois sur sept. »

Cependant, en 1856, Aran (1) publiait une curieuse
observation de guérison d'une chorée unilatérale, datant de
sept années, rebelle, et guérie en quelques jours par les
préparations arsenicales.

En 1859 (2), il reprend la question, publie de nouvelles
observations en faveur de la médication arsenicale dans la
chorée, et cite à ce propos les résultats obtenus par
MM. Henri Roger et Barthez, qui auraient vu guérir le premier, 1 chorée sur 2, et le deuxième 3 sur 5. Il ne partage pas l'opinion de Pereira, qui regarde l'arsenic comme
un spécifique ; pour lui, ce médicament agit surtout dans
les chorées anomales, quelle que soit d'ailleurs la nature de
l'anomalie (hallucinations, chorées unilatérales, hémiplégie
incomplète, etc.), et, à son avis, on devrait toujours essayer

(1) *Bulletin de thérapeutique*, 1856, t. L.
(2) *Bulletin de thérapeutique*, 1859, t. LVI, p. 257.

la médication arsenicale dans la chorée pendant quelque
temps, sauf à l'abandonner s'il ne survient pas d'amélioration.
Aux sujets de sept ans, il administre 2 à 3 milligrammes pour
commencer; à l'adulte 5 à 10 milligrammes. Ce qui lui
paraît important, c'est d'augmenter rapidement la dose
afin d'arriver en deux, trois, quatre et cinq jours à 1 centigramme ou 1 centigramme 1/2 chez l'enfant, et à 2,
3 centigrammes chez l'adulte, à doses fractionnées. Voici
la solution qu'il emploie :

Eau distillée . . . . 500 grammes.
Acide arsénieux . . . . 5 centigr.

Chaque cuillerée à café représente donc $\frac{1}{2}$ milligramme d'acide arsénieux.

Il croit que l'arsenic agit rapidement quand il doit agir,
aussi conseille-t-il de ne pas continuer longtemps l'arsenic,
même à dose peu élevée. En somme, pour Aran, la médication arsenicale est d'une efficacité incontestable dans la
chorée, et cette efficacité est surtout appréciable dans les
cas rebelles et opiniâtres, ainsi que dans les formes anomales, qu'il a vues souvent guérir dans un temps très-
court.

M. Wannebrouck (de Lille) (1) ne partage pas complétement l'opinion d'Aran relativement à l'action de l'arsenic
dans les chorées anciennes, et il admet que cette action
est plus énergique et plus rapide encore, si au lieu d'attendre un temps plus ou moins long, la médication arsenicale
est instituée dès le début de la maladie. Il considère d'ailleurs l'arsenic comme le meilleur des médicaments que l'on
puisse diriger contre la chorée.

(1) Wannebrouck, *Du traitement de la chorée par les préparations arsenicales* (*Bulletin médical du nord de la France*, avril 1863).

Gillette, frappé des résultats annoncés par Aran, expérimenta après lui l'arsenic à l'hôpital des Enfants malades, et ses recherches furent publiées par son interne, le docteur Gellé (1). La solution qu'il employait était la suivante :

Eau distillée......................... 500 grammes.
Arséniate de soude................... 5 centigr.

à la dose de 1 ou 2 cuillerées à café, en augmentant jusqu'à 10. — Gillette est arrivé à peu près aux mêmes résultats qu'Aran, et il a pu guérir des chorées récentes ainsi que des chorées rebelles et invétérées, en moins de temps qu'avec le *tartre stibié*, la *gymnastique*, les *bains sulfureux*, la *strychnine*, *l'eau froide*, les *toniques*, etc.

M. Millet (de Tours) rapporte également dans sa *Monographie* (2), deux observations intéressantes de guérison de la chorée par l'acide arsénieux.

De ce qui précède, il résulte pour nous que, sans vouloir, à l'exemple de certains auteurs, faire de l'arsenic un spécifique contre la chorée, nous croyons qu'il peut rendre de réels services dans une maladie si souvent rebelle à la plupart des médicaments dirigés contre elle.

Quant au mode d'action de l'arsenic dans la chorée, nous croyons pouvoir l'expliquer par son influence sur le système nerveux, influence indirecte, qu'il n'aurait d'ailleurs, selon nous, que par son action sur la circulation des vaisseaux des centres nerveux.

Il nous resterait encore, pour être complet, à parler des applications thérapeutiques de l'arsenic dans un grand

(1) M. Gellé, *Bulletin de thérapeutique*, 1862, t. LXIII, p. 547.
(2) Millet (de Tours), *De l'emploi thérapeutique des préparations arsenicales*, 1865.

nombre d'autres maladies très-diverses quant à leur nature et leur symptomatologie, telles, par exemple, que toutes les névroses, l'*épilepsie*, l'*angine de poitrine*, la *coqueluche*, etc.; les névralgies périodiques ou non périodiques (Cahen), le rhumatisme chronique, et surtout le rhumatisme noueux (Gueneau de Mussy), les *congestions apoplectiformes* (Lamare-Picquot), les maladies du tube digestif, la *diarrhée*, la *dyspepsie*, etc., les maladies de l'utérus et des ovaires, *leucorrhée, ménorrhagies, métrite et ovarite chroniques*, le choléra (Cahen), le *cancer*, etc.

On pourrait ainsi passer en revue tout le champ de la pathologie, car il est peu de maladies dans lesquelles l'arsenic n'ait été donné. Mais parmi celles que nous avons énumérées, il en est sur lesquelles l'action de l'arsenic est absolument nulle, et d'autres sur lesquelles cette action est au moins douteuse. Aussi, avant de se prononcer, il est, croyons-nous, prudent d'attendre que l'expérimentation clinique ait apporté des preuves nouvelles plus concluantes que celles qui existent actuellement.

Nous bornerons donc cette étude des applications thérapeutiques de l'arsenic, dans la pathologie interne, aux maladies que nous avons examinées plus haut avec quelques détails, et dans lesquelles l'action de l'arsenic nous a paru incontestable.

APPLICATIONS EXTERNES DE L'ARSENIC.

Autrefois, on employait beaucoup l'arsenic comme caustique, et ses propriétés escharotiques étaient surtout utilisées pour la cautérisation de certaines plaies de mauvaise nature, principalement le cancer. Les poudres arsenicales

les plus connues, employées à cet effet, sont celles du frère Côme, de Pluncquet, de Rousselot et de Dubois. On les mettait en pâte avec un peu d'eau, et on les appliquait directement sur la partie que l'on voulait cautériser.

Mais un des caractères chimiques les plus importants de l'acide arsénieux, c'est qu'il ne coagule pas l'albumine, avec laquelle il donne un composé soluble ; l'arsenic est donc un caustique fluidifiant, et la conséquence c'est que, outre son action désorganisatrice locale, il peut être absorbé et produire des accidents généraux.

Roux appliqua sur le sein d'une jeune fille, après l'amputation d'un cancer, la pâte arsenicale, et recouvrit une surface ayant au plus 1 pouce ou 1 pouce et 1/2 de diamètre. Dès le lendemain, la malade se plaignit de violentes coliques et de vomissements ; sa physionomie s'altéra ; deux jours après, elle périt au milieu de convulsions et de vives angoisses. On trouva à l'autopsie l'estomac et le conduit intestinal phlogosés et parsemés de taches noires.

L'arsenic est donc un caustique dangereux, et comme il n'a d'ailleurs aucune propriété spéciale, il est tombé dans un juste oubli, et aujourd'hui on ne l'emploie, pour ainsi dire, jamais.

Cependant, les dentistes se servent encore, pour cautériser la pulpe dentaire, du mélange suivant :

Acide arsénieux	2 parties.
Acétate de morphine	2
Créosote	8
Charbon	1

On en forme une pâte dont on imprègne un petit morceau de coton qui est appliqué directement sur la pulpe dentaire. Mais dans ce cas encore, c'est un mauvais moyen. Car il est arrivé plus d'une fois que le coton a été avalé et a produit quelques accidents.

L'acide arsénieux devrait donc être, selon nous, absolument rejeté de la chirurgie comme caustique.

Trousseau employait beaucoup, chez les enfants, les lavements arsenicaux contre les oxyures vermiculaires. Il faisait tout simplement dissoudre 1 à 5 centigrammes d'arséniate de soude dans 200 grammes d'eau, pour un lavement.

Cette solution ne peut avoir aucun inconvénient, car elle n'est jamais conservée. Elle provoque aussitôt après son administration une irritation et une contraction assez violentes du gros intestin, qui l'expulse presque immédiatement. Mais quelque rapide qu'ait été le contact de la solution avec les vers intestinaux, il a été suffisant pour les tuer, et le plus ordinairement un seul lavement est nécessaire pour amener ce résultat.

CONCLUSIONS

I. L'arsenic, administré à petites doses, a une action manifeste sur la nutrition dont il diminue l'activité. Il mérite donc à tous égards d'être regardé comme un médicament de la nutrition ; c'est un *médicament d'épargne*, suivant la classification physiologique de M. le professeur Sée.

A doses plus élevées, l'arsenic est un *poison stéatogène*.

II. Des effets physiologiques de l'arsenic découlent ses effets thérapeutiques.

III. Tous les effets physiologiques de l'arsenic sont dus à son action élective sur la nutrition des tissus, ou se rattachent à son élimination.

IV. L'arsenic à dose thérapeutique épargne la dénutrition, et diminue la température ; il diminue également la quantité d'urée éliminée par les urines, et l'acide carbonique exhalé par les poumons.

V. A dose toxique, il produit la stéatose du foie, des reins, et même des muscles.

VI. Il s'élimine par la peau, les muqueuses, les reins et le foie.

VII. Son élimination par les reins se traduit souvent par de l'albuminurie.

VIII. L'arsenic à haute dose peut amener des hémorrhagies siégeant le plus fréquemment dans le gros intestin, les poumons et le foie.

IX. A petite dose, par suite de son heureuse influence sur le tissu musculaire, il rend la respiration plus facile, et donne une certaine vigueur et une certaine agilité aux individus qui en font un usage journalier. L'observation des arsenicophages en fournit de nombreux exemples.

X. L'usage prolongé de faibles doses d'arsenic pendant un temps assez long, finit par produire quelquefois des accidents analogues à ceux que l'on observe chez les individus empoisonnés par de fortes doses; mais néanmoins ils méritent d'être décrits à part sous le nom d'*arsenicisme*. Ce sont ces mêmes accidents que l'on observe chez les ouvriers qui manipulent l'arsenic (arsenicisme professionnel).

XI. L'arsenic, à dose toxique, produit souvent des convulsions. Dans l'arsenicisme, on observe plus fréquemment des paralysies.

XII. L'arsenic paraît agir sur la circulation périphérique en augmentant l'activité de cette circulation, en exagérant l'excitabilité des muscles vasculaires.

XIII. L'arsenic, même à dose toxique, ne détruit ni l'excitabilité nerveuse, ni l'irritabilité musculaire.

XIV. A dose thérapeutique il ne paraît pas influencer directement le cœur ; ce n'est qu'après l'ingestion de doses toxiques et dans la dernière période de l'arsenicisme que l'on observe une accélération de ses battements. L'arsenic comme médicament n'est donc pas pyrétogène.

XV. L'action de l'arsenic sur la nutrition peut être utilisée pour combattre la fièvre. C'est dans les fièvres intermittentes que son usage semble avoir donné les meilleurs résultats. Mais dans tous les cas, le sulfate de quinine lui est toujours supérieur.

XVI. Son usage doit être proscrit dans les fièvres pernicieuses.

XVII. Les effets dus à l'élimination de l'arsenic rendent également des services dans les affections cutanées, surtout dans les formes sèches.

XVIII. Son élimination par la muqueuse des voies respiratoires donne l'explication de son action contre le catarrhe des bronches.

XIX. Son action sur la nutrition explique son emploi dans la phthisie pulmonaire.

XX. Son action est douteuse dans les névralgies, les névroses, la coqueluche, le choléra, etc.

INDEX BIBLIOGRAPHIQUE

1684. Sperling (P. G.). Dissertatio de arsenico. Wittemberg.

1700. Slevogt (J. A.). Prolusio de exceptionibus sive permissione prohibitorum et prohibitione permissorum. Iena.

1701. Friccius (Melchior). De virtute venenorum medicâ. Ulm.

1719. Slevogt (J. A.). Prog. de arsenico, cui modesta ejus excusatio præmittitur. Iena.

1719. Wedel (G. W.). Dissertatio de arsenico. Iena.

1725. Henckel. Pyritologia, etc. Leipzig. Trad. Paris, 1760.

1729. Meibom (H.). De arsenico. Helmstadt.

1746 et 1748. Macquer. Mémoires de l'Académie royale des sciences.

1758. Kuppermann (G. Fr.). De medicamentorum et auripigmento præparatorum præstantissimo usu medico. Halle.

1770. Scheffler. Gesundheit der Bergleute. Chemnitz.

1774. Monnet. Sur l'arsenic. Berlin.

Lefèvre de Saint-Ildefond. Remède approuvé pour guérir radicalement le cancer occulte manifeste ou ulcéré. Paris.

1777. Bergmann. Dissertatio de arsenico. Upsal.

Navier. Contre-poisons de l'arsenic, etc. Paris.

Kobecke (A.). De arsenico. Bützow.

1778. Rounon. Efficacité de l'arsenic dans les cancers (*Mémoires de l'Académie royale des sciences de Stockholm*).

1783. Plencitz. Acta et observationes medicæ. Pragæ, ch. iii.

1784. Laborde. Ancien journal de médecine, p. 99.

1786. Fowler. Medical reports on the effects of arsenic in the cure of agues, remittent fevers and periodic headache. London.

1787. Marrugi. Le mallattie flatuose, op. fisico medica. Napoli, t. II, p. 64.

1793. Havinga. De arsenico. Groningue.

1793. Elias (C. F.). Experimenta quædam super arsenico. Narbourg.

1796. Sulzer (G.). Dissertatio de arsenici usu medico observationibus quibusdam illustrato. Iena.

1801. Mahas. Médecine légale.

1801. Renault. Nouvelles expériences sur |les contre-poisons de l'arsenic. Thèse de Paris, n° 39.

1804. Fauves. Recherches cliniques sur les effets de l'arsenic dans les fièvres intermittentes. Paris.

1806. Brera. Annotazioni medico-pratiche, etc. 2e édit. Crema, in-4, t. I, p. 228.

Girdlestone. London medical and physic Journal.

1807. Brera. Clinica medica di Pavia.

Desgranges. Usage de l'arsenic dans la médecine interne (*Journ. gén. de méd.*, t. XXX).

1808. Jæger, præs, Kielmeyer. De effectibus arsenici in varios organismos, nec non de indiciis quibusdam veneficii ab arsenico illati. Tubingue.

Kellie. Arsenic contre la goutte chronique (*Journal d'Édimbourg*).

1808. Bry (André). Réflexions et observations sur l'emploi de l'oxyde blanc d'arsenic dans les fièvres intermittentes (*Journal de Sédillot*, t. XXXVIII).

1809. Dupont (des Landes). Observations sur l'efficacité de l'arséniate de soude dans les fièvres intermittentes (*Journ. de méd. de Sédillot*, t. XXXV, p. 360).

Thiébault (C.). Réflexions sur l'arsenic considéré comme médicament (*Journ. gén. de médecine*, t. XXX).

Ben Kisson. Arsenic contre la goutte chronique (*Journal d'Edimbourg*).

1809. Wagner, præses, G. H. Masius. De acido arsenicoso. Rostock.

Fodéré. Recherches expérimentales faites à l'hôpital civil et militaire de Martigues sur la nature des fièvres à périodes et sur la valeur des différents remèdes substitués au quinquina, spécialement sur les propriétés médicales de l'arséniate de soude, etc., etc.

1811. Harless. De arsenici usu in medicina. Nuremberg.

1813. Ebers (de Breslau). Bibliothek der Heilkunde von Hufeland. October.

Martin. Transactions médico-chirurgicales de Londres.

Bouiller (de Pont-Sainte-Maxence). Lettres sur l'emploi des préparations arsenicales (*Journ. gén. de méd. de Sédillot*).

1817. Rochlitz. Diss. de arsenico. Pest.

Bonsdorff (G.). Dissertatio anatomicam veneficii arsenico peracti investigationem sistens. Abo.

Hardegg, præses, Autenrieth. Diss. sistens observationes quasdam de vario arsenici in animalia effectu. Tubingue.

1818. Salter. Med.-chir. Transactions, t. X. Traitement de la chorée par la solution de Fowler.

1819. Prey. De auripigmenti et sandarachæ indole atque usu medico. Berlin, in-8.

Peudefer. Sur l'emploi de l'arsenic en médecine. Thèse de Paris, nº 245.

1820. Reinold (C. H.). Dissertatio de arsenico. Berlin.

Salter. On the cure of Chorea (*Medic.-chirurg. transactions*, vol. X; *Journ. gén. de méd.*, t. LXXI).

1821. Barrau. Sur l'empoisonnement par l'oxyde blanc d'arsenic. Thèse de Paris, nº 165.

Herschel. Dissertatio de arsenico albo, præcipue de liquore aluminis arsenicoso. Halle.

Fourcadé-Prunet. Sur l'oxyde blanc d'arsenic considéré sous les rapports physiologique, médico-légal et thérapeutique. Thèse de Paris, nº 22.

Otto. Dissertatio de arsenico. Berlin.

1822. Hunfeld. De vera chimiæ organicæ notione ejusque in medicina usu, additis de vi arsenici in corpora organica mortua experimenti. Breslau.

Eberle. A treatise of the materia medica and therapeutic, t. I. Philadelphie.

1823. Beissenhirtz. De arsenici efficaciæ periculis illustrata. Berlin.

1824. Kleinert. De arsenico et reagentium in eo usu. Leipzig.

Chansarel. De l'empoisonnement par l'arsenic. Thèse de Paris, n° 155.

1825. Kleinert. De arsenici virtutibus chemicis medicis et in investigandi methodis. Iena.

Duval. De l'empoisonnement par les préparations arsenicales.

Wiedmann. De veneficiis ab arsenici præparatis. Leodii.

1826. Carey (J.). De veneno arsenicali. Édimbourg.

1833. Cazenave. Article Arsenic. *Dict.* en 30 vol.

Orfila. Article Arsenic (*Toxicologie*). *Dict.* en 30 vol.

1836. Godelle. Considérations sur la nature et le traitement du cancer (*Revue médicale*, t. II).

Trousseau et Pidoux. Traité de thérapeutique. 1re édit. Art. Arsenic.

Boutigny (d'Évreux). Ann. d'hyg. et de méd. lég., t. XVI, p. 391.

Braconnot. Puits empoisonné par la filtration des eaux chargées d'arsenic, provenant d'une fabrique de papiers peints (*Ann. d'hyg.*, t. XVI et t. XX).

1837. Lachèze (d'Angers). Recherches tendant à déterminer le mode d'action de l'acide arsénieux sur l'économie, et la dose à laquelle le poison peut donner la mort (*Annales d'hyg. publique et de méd. lég.*, 1re série, t. XVII).

1838. Hunt (Henry). Efficacité de la solution de Fowler dans les hémorrhagies (*Med.-chirg. Review*).

Schindler. Vergiftung durch Arsenikwasserstoffgas (*Graëfe's und Walth. Journ.*, t. XXVI).

1839. Gmelin. Warnung vor nachtheiligen Ausdünstungen grüner Tapeten et (*Carlsr. Ztg.* nov.).

Christison. On granular degeneration of the Kidnies. Edinburgh.

1841. Ruppius. Arsenic dans le cancer (*Journ. des conn. méd.-chir.*).

1842. Boudin. Traité des fièvres intermittentes et contagieuses des contrées paludéennes, suivi de recherches sur l'emploi thérapeutique des préparations arsenicales. Paris.

1843. Dupuytren. *Leçons orales*, t. V, p. 604, et seq., et *Bull. de thér.*

Wagner. Ueber das Rösten, etc. (*Œsterr. med. Wechnschr.*, p. 337).

1845. Serré. Des caustiques arsenicaux appliqués au traitement des affections cancéreuses externes (in *Annales de thérapeutique de Rognetta*, p. 475).

Blandet. Mémoire sur l'empoisonnement externe produit par le vert de Schweinfürt, etc. (*Journ de méd. de Beau*, t. III, p. 112).

Wurmb. *Monographie de l'arsenic.*

1846. Masselot. Des fièvres intermittentes et de leur traitement par l'acide arsénieux (*Arch. gén. de méd.*, 4ᵉ sér., t. X et XI).

Basedow. Arsenikdunst in Wohnzimmern (*Preuss. ver Zeit.*).

1847. Devergie. De la médication arsenicale dans les dermatoses squameuses (*Gaz. des hôp.*, 2 janvier).

Du même. Choix des méthodes de traitement des maladies de la peau (*Ibid.*, 2 février).

Chatin. Élimination de l'arsenic par la sérosité d'un vésicatoire (*Gaz. méd.*, octobre).

Caventou. Sur la valeur relative de l'hydrate de sesquioxyde de fer et de la magnésie, comme contre-poisons de l'acide arsénieux (*Bull. de thér.*, t. XXXIII).

Chevallier (A.). Essai sur les maladies qui atteignent les ouvriers qui préparent le vert arsenical, et les ou-

vriers en papiers peints qui emploient dans la préparation de ces papiers le vert de Schweinfürt (*Ann.
d'hyg.*, 1re série, t. XXXVIII).

1848. IMBERT-GOURBEYRE. *Gaz. méd. de Paris*, p. 97.

NÉLIGAN. Traitement du favus par l'iodure d'arsenic
(in *Dublin journal*).

TEISSIER. Observations nouvelles sur l'emploi médical des
préparations d'arsenic (*Journ. de méd. de Lyon*).

CAYTAN. Emploi de l'arsenic contre les fièvres intermittentes des poldres (*Annales de la Société médicale
d'émulation de la Flandre occidentale*, 1848 et 1850).

ROMBERG. Journal de médecine de la Société des sciences
médicales et naturelles de Bruxelles, mai (*Observation
de guérison de chorée par l'arsenic*).

1849. DEBOUT. Coup d'œil sur la médication arsenicale, son
emploi dans le catarrhe pulmonaire chronique et dans
la phthisie (*Bull. de thér.*, t. XXXVII).

1850. GIBERT. Emploi médical de l'arsenic dans les maladies
de la peau et les fièvres intermittentes (*Bull. de thér.*,
t. XXXVIII et t. XXXIX).

TESSIER. Remarques sur le traitement du chancre pha-
gédénique et de quelques ulcères rebelles par l'arsenic (*Gaz. des hôp.*).

DUFOUR. Traitement des fièvres intermittentes (*Revue
médico-chirurgicale de Paris*, p. 175).

ETTMULLER. Gutachten über die Anlegung, etc. (*Ver. d.
Ztschr.*, t. VIII, p. 1).

MAZIÈRES. Arsenic dans les fièvres intermittentes (*Bull.
de thérap.*, t. XXXVIII).

1851. ANDRAL et LEMAISTRE. Nouvelles expériences sur l'emploi
de l'arsenic comme fébrifuge (*Union méd.*, juillet, et
Bull. de thér., t. XLI).

BOUCHARDAT. *Annuaire de thérapeutique.*

MASSART. Essai médical théorique et pratique sur les
préparations arsenicales. Lyon.

TSCHUDI. Ueber die Giftesser (*Wien med. Wochnschrf.*,
n° 28, et *Un. méd.*, 1854).

LOLLIOT.   11

1851. Émile MARCHAND. De l'action thérapeutique de l'arsenic
dans les maladies de la peau (*Ann. méd. de la Flandre occidentale*, p. 209).

BROCKMANN. Des accidents occasionnés par l'arsenic chez
les ouvriers qui travaillent ce métal dans les mines
du Harz (trad. par Beaugrand. *Mon. des hôp.*, 1858).

1852. HUNT. De la valeur comparée des préparations mercu-
rielles et des préparations arsenicales dans le traitement des accidents secondaires de la syphilis (*Bull.
de thér.*, t. XLII).

A. F. ORFILA. De l'élimination des poisons (*Thèse inaug.*
Paris.

GIRBAL. Observations sur l'emploi de l'arsenic dans le
traitement des fièvres paludéennes (*Gaz. méd.*).

PERRIN. Valeur thérapeutique des préparations arsenicales.

1853. LAVIROTTE. De l'emploi de l'arsenic dans le traitement
des accès périodiques qui viennent compliquer les
maladies aiguës (*Rev. méd. chir.*, t. XXX et *Bull. de
thér.*, t. XLV.).

DELIOUX DE SAVIGNAC. Examen comparé des propriétés
fébrifuges du quinquina et de l'arsenic, in *Bull. de
thér.*

D. TSCHUDI. Action physiologique de l'arsenic (*Gaz.
méd.*).

DELIOUX. Études sur les maladies périodiques. Paris.

VOGEL. *Arch. f. wiss Heilkunde.*

1854. TSCHUDI (J. J.). Sur les toxicophages (*Journ. de chir., de
méd. et de pharm. de Bruxelles*, et *Union médicale*).

DUCHESNE-DUPARC. Emploi de l'arséniate de fer dans le
traitement des dartres furfuracées et squameuses
(*Bull. de thérapeutique*).

DU MÊME. Traité des dermatoses, 2e édit., en 1862.

MARTINET. De l'intoxication arsenicale des marais, pro-
posée comme devant anéantir les miasmes palu-
déens (*Comptes rendus de l'Académie des sciences*,
13 nov.).

1854. **Garcia Lopez.** Dans *El Porvenir medico*, 30 nov. (Espagne).

Émile Marchand. De l'action thérapeutique de l'arsenic dans les maladies de la peau, 2ᵉ mémoire (*Annales médicales de la France occidentale*).

Imbert-Gourbeyre. Note sur les toxicophages allemands (*Moniteur des hôpitaux*).

Chevallier et **Duchesne.** Des dangers que présente l'emploi des papiers colorés avec les substances toxiques (*Ann. d'hyg.*, 2ᵉ série, t. II).

1855. **Clemens.** *Deutsche Klinik*, n° 51.

Girbal et **Fuster.** *Comptes rendus de l'Acad. des sciences*, ibid., en 1852.

1856. **Romberg.** Klinische Ergebnisse (*Observations de chorée guérie par la solution de Fowler*).

Moreau (de Tours). Manie intermittente guérie par l'acide arsénieux (*Gaz. des hôpit.*, et *Bull. de thérap.*, t. LI).

Kesteven. On Arsenic-Eating (*Assoc. med. journ.*, septembre).

1857. **Fremy.** De la médication arsenicale dans les fièvres intermittentes. Paris.

Imbert-Gourbeyre. Histoire des éruptions arsenicales (*Moniteur des hôp.*).

Orfila (Louis). Leçons sur l'arsenic (*Gaz. des hôp.*).

Leroy d'Étiolles (Raoul). Sur la paralysie causée par l'arsenic (in *Gaz. hebd. de méd.*).

Boudin. Traité de géographie et de statistique médicales.

Follin. Sur l'éruption papulo-ulcéreuse qu'on observe chez les ouvriers qui manient le vert de Shweinfürt (*Arch. de méd.*, 5ᵉ série, t. X, p. 683).

Richardson. Poisoning by Arseniated hydrog. (*British and foreign Rev.*, 2ᵉ série, t. XX).

Hinds. Arsenical poisoning by a wall-paper (*Med. Times and Gaz.*, t. I, p. 197).

Du même. Another case of Arsenical poisoning, etc. (*Med. Times and Gazet.*, p. 520).

1857. Cl. Bernard. Leçons sur les effets des matières toxiques et médicamenteuses.

Gouffier. Recherches sur l'usage interne des préparations arsenicales. Thèse de Paris.

Leroy-Raoul. Des paralysies des membres inférieurs. Paris.

1858. Brettschneider. Quædam de Arsenici efficacia disquisitiones.

Imbert-Gourbeyre. Études sur la paralysie arsenicale (*Gaz. méd.*)

Pietra Santa. Existe-t-il une affection propre aux ouvriers qui manient le vert de Schweinfürt? (*Ann. d'hyg.*, 2⁰ série, t. X).

Chevallier (A.). Recherches sur les dangers que présentent le vert de Schweinfürt, le vert arsenical, etc. (*Ann. d'hy.*, 2⁰ série, t. XII).

Beaugrand (E.). Des différentes sortes d'accidents causés par les verts arsenicaux employés dans l'industrie (*Gaz. des hôp.*, p. 98).

Vernois. Mém. sur les accidents produits par l'emploi des verts arsenicaux chez les ouvriers fleuristes en général et chez les apprêteurs d'étoffes, etc. (*Ann. d'hyg.*, 2⁰ série, t. XII, p. 319).

Whitehead. On Arsenicated wall-papers (*Brit. Med. Journ.*).

Lesage. Des préparations arsenicales. — Emploi à l'intérieur. Thèse de Paris.

1859. Schmitt und Sturzwage. Einfluss der Arseniguen, etc. (*Moleschott's untersuchungen*, t. VI).

Aran. Du traitement de la chorée par l'acide arsénieux (*Bull. de thérap.*, t. LVI, p. 257).

Du même. De l'accumulation de l'arsenic (in *Union médicale*).

Lamare-Picquot. De l'emploi de l'acide arsénieux dans les congestions apoplectiques (*Bull. de thérapeut.*, t. LVII).

Moutard-Martin. Sur l'arsenic (*Union médic.*).

1859. BEGLRÉ. De l'emploi de l'arsenic dans les formes chroniques du rhumatisme (*Edinb. med. Journ.*, et in *Bull. de thérap.*).

RONZIER-JOLY. Chorée (*Bull. de thérapeut.*, t. LXVII).

WILLSCHIRE. Sur la chorée (*Lancet*).

VIAUD-GRANDMARAIS. Recherches sur les fumigations médicamenteuses employées contre l'asthme spasmodique (*Journal de la section de médecine de la Société académique de la Loire-Inférieure*, p. 35).

DU MÊME. Asthme et son traitement (*Moniteur des hôpitaux*).

OPPENHEIMER. *Verhandl. d. naturh.-med. Verein zu. Heidelberg*, t. I, p. 320.

1860. SISTACH. *Gaz. méd. de Paris*, n° 18 et suivants.

LAMARE-PICQUOT. Recherches nouvelles sur l'apoplexie cérébrale.

LONG. Considérations sur la chorée. Thèse de Paris, n° 149.

STONE. De la valeur du fer, du zinc et de l'arsenic dans le traitement de la chorée (*Schmidt's Jahrbücher*).

ISNARD. Étude sur l'emploi thérapeutique de l'arsenic (*Union méd.*, t. VI).

BOUCHUT. De l'emploi de l'arséniate de soude contre la scrofule (*Bull. de thérap.*, t. LIX).

HEISCH. On Arsenic-Eaters of styria (*Pharmac. Journ. Mag.*).

MIRZA-MOHAMMED-HASSEINE (Thèse de Paris, n° 81).

BAZIN. *Leçons théoriques et cliniques sur les affections cutanées de nature arthritique et dartreuse*, p. 75.

HASSALL. On the Danger of Green paint in artificial Leaves and flowers (*The Lancet*, t. II).

LORAIN (P.). De l'albuminurie. Thèse d'agrégation.

S. JACCOUD. Des conditions pathogéniques de l'albuminurie. Paris.

1861. SISTACH. Emploi thérapeutique de l'arsenic (*Gaz. méd.*, p. 57).

GUENEAU DE MUSSY (N.). De l'emploi des bains à l'arséniate de soude contre le rhumatisme noueux (*Gaz. des hôp.*, août).

1861. Vest (Von). Ueber die Arsenikesser (*Steiermark Heil. in Prag*, t. LXIX, p. 124).

Dutrouleau. Traité des maladies des Européens dans les pays chauds. Paris, p. 187.

Van Dommelen. Fièvres paludéennes; quelques mots sur leur traitement (*Scalpel*, 10 juin).

Julius (Frédéric G.). On arsenic smoking in Asthma (*The Lancet*, 10 août).

Moutard-Martin. Arsenic dans la phthisie pulmonaire (Société méd. des hôpitaux, 1861).

Laugel (A.). Les mineurs du Harz (*Revue des deux mondes*).

Van den Broeck. Des dangers que présente la fabrication des fleurs et feuilles artificielles, etc. (*Bull. de l'Acad. de méd. de Belgique*, 2ᵉ série, t. IV).

Lewin. Études sur l'empoisonnement par le phosphore (*Arch. de Virchow*, 2ᵉ série, t. I).

1862. Schnepf. Arséniate de caféine et acide tanno-arsénieux comme antipériodiques (*Gaz. des hôp.* et *Bull. de thérap.*).

Isnard. De l'acide arsénieux dans les fièvres pernicieuses (*Union méd.*, t. XV).

Farre. *Lancet*, 1ʳᵉ livr., 3.

Imbert-Gourbeyre. Études sur quelques symptômes de l'arsenic (*Gaz. méd.*).

Roscoe. On alleged practice of Arsenic-Eating Styria (*British and foreign rev.*, 2ᵉ série, p. 145).

Gelle. Traitement de la chorée (*Bull. génér. de thérap.*, t. LXIII).

Massart. Emploi thérapeutique de l'arsenic (Travaux de la Société impériale de médecine de Toulouse).

Penot. Arsenic dans le traitement du rhumatisme articulaire chronique. Thèse de Paris.

Vauquelin. Traitement du rhumatisme noueux par les bains arsenicaux. Thèse de Paris.

1863. Cahen. De l'acide arsénieux dans le traitement des congestions qui accompagnent certaines affections nerveuses (*Arch. gén. de méd.*, septembre).

Wannebroucq (de Lille). Du traitement de la chorée par
les préparations arsenicales (*Bulletin médical du nord
de la France*, avril).

Imbert-Gourbeyre. Du traitement du mal de Bright par
l'arsénic (*Art médical*, mai).

Hassall. Observ. on the employment in the arts of
Scheele's green or arsenit of Copper (*The Lancet*, t. I,
p. 204).

Ollivier (Auguste). Empoisonnement par l'hydrogène
arsénié (*Mém. de la Soc. de biol.*, 3e série, t. V).

Fritz, Ranvier et Verliac. De la stéatose dans l'empoisonnement par le phosphore (*Arch. gén. de méd.*).

Lancereaux. Étude sur la dégénérescence graisseuse des
éléments actifs du foie, des reins et des muscles de la
vie animale dans l'empoisonnement par le phosphore
(*Union médicale*).

Picot. Arsenic. Son emploi en thérapeutique. Thèse de
Paris.

1864. Devergie. Sur les propriétés anaphrodisiaques de l'arsenic (*Bull. de thérap.*, t. LXVII, p. 175).

Beau. Traitement de l'arthrite noueuse par l'acide arsénieux de l'intérieur (*Gaz. des hôp.*, 19 juillet).

Charcot. Sur l'anaphrodisie produite par l'usage prolongé
des préparations arsenicales (*Bull. de thérap.*, t. LXVI).

Gueneau de Mussy. Du traitement du rhumatisme
noueux par les bains arsenicaux (*Bull. de thérap.*).

Wertheim. *Gaz. hebd. de méd. et de chir.*

Imbert-Gourbeyre. Action de l'arsenic sur les parties génitales externes (*Gaz. méd.*).

Davy (John). On the question : is Oxyde of Arsenic, long
used in a very small quantity injurious to man ? (*British and for. rev.*)

Craig-Maclagan. On the Arsenic-Eaters of Styria (*Edinb.
med. Journ.*, t. X, p. 200).

1864. **Parker.** Case of death resulting from the practice of Arsenic-Eating (*Edinb. journ.*, p. 116).

Cahen. De l'acide arsénieux dans le traitement des congestions qui accompagnent certaines affections nerveuses (*Arch. de méd.*).

Imbert-Gourbeyre. Épistaxis arsenicale (*Art médical*).

Pappenheim (L.). Art. **Arsenic**, in *Hand*, etc., t. I, 1858 et 1864.

Bergeron et **Lemattre.** De l'élimination des poisons par la sueur (*Arch. gén. de méd.*, août).

Fabre. De la dégénérescence graisseuse dans l'empoisonnement aigu par le phosphore. Thèse de Paris.

Jaccoud. Les paraplégies et l'ataxie du mouvement.

1865. **Millet** (de Tours). De l'emploi thérapeutique des préparations arsenicales. 2ᵉ édit. Paris.

Wahu. De l'emploi et de l'action de l'arsenic en médecine. Paris.

Kingsburry. Formules de quelques préparations arsenicales employées comme caustiques de la pulpe dentaire (*Bull. de thérap.*).

Papillaud. Lettre sur l'emploi médical de l'arsenic (*Gaz. méd.*).

Du même. Essai sur l'action thérapeutique de l'arséniate d'antimoine (*Gaz. méd.*).

Triquet. Traitement de l'otite dartreuse par l'arséniate de fer et l'arséniate de soude (*Gaz. des hôp.*).

Isnard (de Marseille). De l'arsenic dans la pathologie du système nerveux, son action dans l'état nerveux, la chlorose, les névralgies et les névroses particulières ; l'adynamie et l'ataxie liées aux maladies aiguës, la cachexie des maladies chroniques. Paris, 1 vol.

Sée (G.). *Nouveau Dictionn. de méd. et de chir. prat.* Art. **Asthme.**

Imbert-Gourbeyre. Mémoire sur l'arsenic fébrigène et son emploi dans la fièvre typhoïde (*Art médical*).

Saikowski. Stéatose arsenicale (*Central-Blatt*).

Tardieu (A.). Étude médico-légale sur l'empoisonnement. Leçons professées à la Faculté de médecine de Paris, avec la collaboration de Z. Roussin.

1865. Du MÊME. *Dictionn. de méd. et de chir. prat.* Art. ARSENIC (médecine légale).

ROUSSIN. *Dictionn. de méd. et de chir. prat.* Art. ARSENIC (recherche chimique du poison arsenical).

HIRTZ. *Dictionn. de méd. et de chir. prat.* Art. ARSENIC (thérapeutique).

VRANCKEN. Traitement de la fièvre intermittente (*Annales de la Société médico-chirurgicale de Liége*).

CORNIL et BERGERON. Altération granulo-graisseuse de l'épithélium des glandes de l'estomac dans un cas d'empoisonnement par le phosphore (*Société de biologie*).

MUNK ET LEYDEN. Die Phosphorvergiftung, etc. (*Rücksicht auf Path. u. Phys.*).

1866. CAHEN. Traitement du choléra par l'acide arsénieux (*Union méd.*).

BARELLA. De l'emploi thérapeutique de l'arsenic. Bruxelles.

CHEVALLIER (A.). De la fuchsine, de sa préparation, etc. (*Ann. d'hyg.*, t. XXV).

BLACHEZ. La stéatose. Thèse d'agrégation.

1867. DELIOUX DE SAVIGNAC. Article ARSENIC (*thérapeutique*). (*Dictionnaire encyclopédique*).

ORFILA. Article ARSENIC (*toxicologie*) (*Dictionnaire encyclopédique*).

BEAUGRAND. Article ARSENIC. (*hygiène publique*) (*Dictionnaire encyclopédique*).

RANVIER. Considérations sur la pathogénie des transformations graisseuses (*Soc. de biologie*).

LETENNEUR. Traitement de la chorée par l'arsenic (*Journ. de méd. de l'Ouest*, nov.).

1868. CH. ISNARD (de Marseille). De l'arséniate d'antimoine dans l'emphysème vésiculaire des poumons. — Nouvelle étude sur la médication arsenicale (*Union médicale de la Provence*, 1867-1868).

FIN

EXPLICATION DE LA PLANCHE

—

Figure 1. — 1-2. Cellules hépatiques du foie d'une femme empoisonnée par le mercure.
    3. Tissu conjonctif avec ses aréoles sans cellules.

Fig. 2. — 1. Glomérule de Malpighi infiltré de granulations graisseuses.
    2. Tubes urinifères granuleux (femme empoisonnée par le mercure).

Fig. 3. — Pyramide de Malpighi, dont un grand nombre de tubes sont remplis de vésicules et de granulations graisseuses.
    1. Tubes granuleux.
    2-3. Graisse libre dans la cavité des tubuli (femme empoisonnée par le mercure).

Fig. 4. — 1-2. Tubes urinifères dont l'épithélium est complétement granuleux.
    3-4. Tubes urinifères dépouillés de leur épithélium (chien empoisonné par l'arsenic).

Fig. 5. — 1. Tissu conjonctif.
    2. Tissu conjonctif avec dépôt de granulations graisseuses.
    3. Cellules hépatiques remplies de granulations graisseuses.
    4. Vésicules graisseuses (chien empoisonné par l'arsenic).

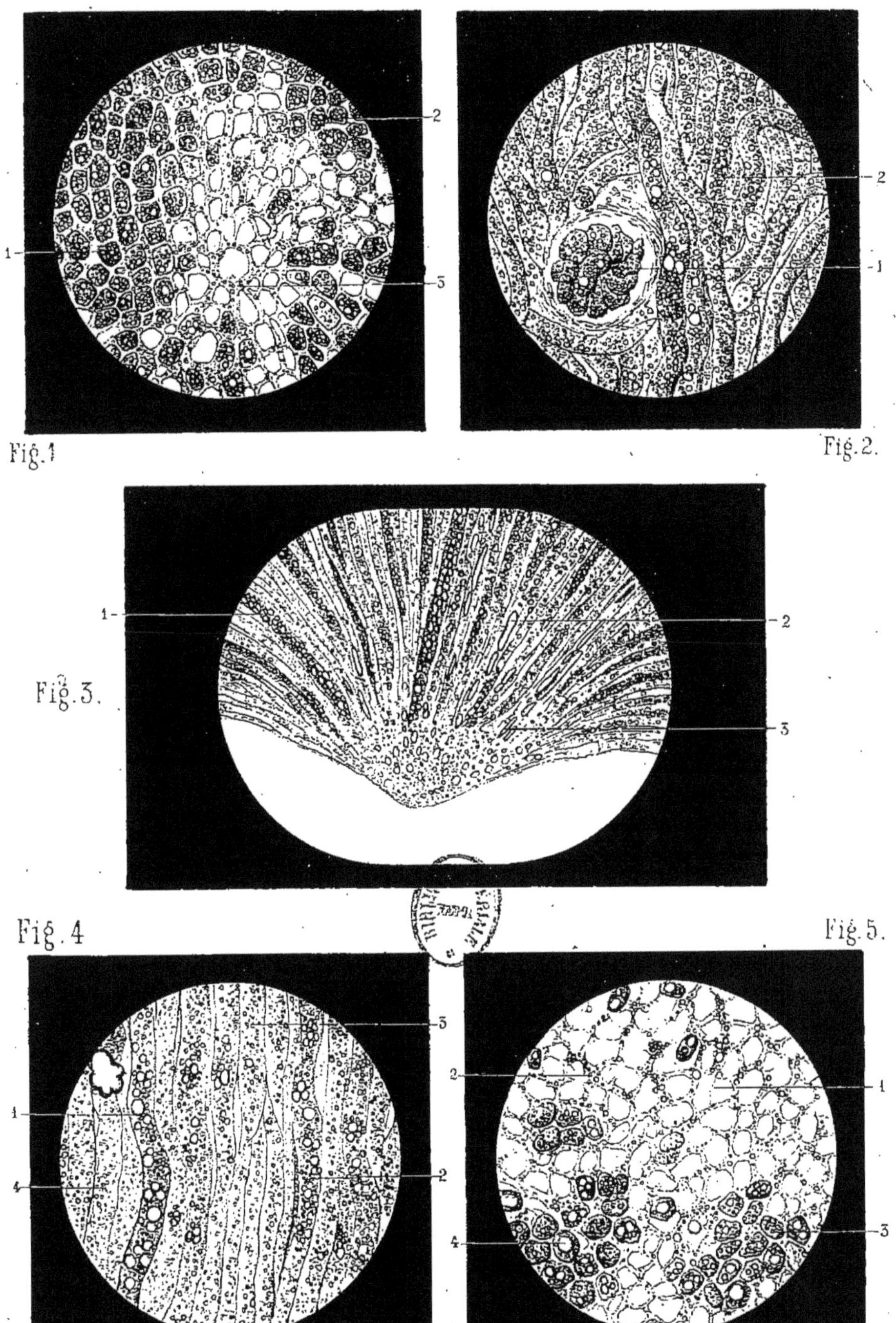

Fig.1
Fig.2.
Fig.3.
Fig. 4
Fig.5.
Th. Anger del.
Imp. Becquet, à Paris.
P. Lackerbauer lith.

TABLE DES MATIÈRES

FIN DE LA TABLE DES MATIÈRES

Paris. — Imprimerie de E. MARTINET, rue Mignon, 2.

www.ingramcontent.com/pod-product-compliance
Ingram Content Group UK Ltd.
Pitfield, Milton Keynes, MK11 3LW, UK
UKHW021932070726
13614UKWH00001B/391